멘탈 트래블러

MENTAL TRAVELER: A Father, a Son, and a Journey through Schizophrenia
by W. J. T. Mitchell

Copyright © 2020 by The University of Chicago
All rights reserved.
This Korean edition was published by ediscobook in 2022 by arrangement with
The University of Chicago Press, Chicago, Illinois, U.S.A.
through KCC(Korea Copyright Center Inc.), Seoul.

이 책은 (주)한국저작권센터(KCC)를 통한 저작권자와의 독점계약으로
에디스코에서 출간되었습니다. 저작권법에 의해 한국 내에서 보호를 받는
저작물이므로 무단전재와 복제를 금합니다.

멘탈 트래블러

조현병과 투쟁한
어느 아름다운 정신에의 회고

지은이 ——— W. J. T. 미첼
옮긴이 ◊ 김유경

에디스코

한국어판 일러두기

❧ 인명, 지명은 외래어 표기법을 따랐으며, 일부는 널리 통용되는 발음을 반영해 예외로 두었다.

❧ 도서명은 『 』, 신문이나 잡지는 « », 논문, 영화, 음악, 미술, 단편 등의 작품은 ‹ ›로 표기하였다.

차 례

나는 인간의 땅을 여행했네
남자들과 여자들의 땅을
그리고 차가운 땅의 방랑자는 결코 알지 못했을
그토록 무서운 것들을 듣고 보았다네

윌리엄 블레이크, ‹정신의 여행자›

서문

세상에는 두 가지 종류의 책이 있다. 쓰고 싶은 책과 써야만 하는 책이다. 나는 첫 번째 종류의 책은 꽤 많이 썼다. 하지만 이 책은 거기에 해당되지 않는다. 이 책은 내 아들 가브리엘 미첼의 삶과 죽음에 대한 회고록이다. 그는 38살에 자살하기까지 20년 동안 조현병과 사투를 벌였다. 이 책은 내가 쓰고 싶었다거나 쓰리라고는 단 한 번도 예상해본 적이 없던 책이다. 2012년 6월 24일, 그날이 오기 전까지 말이다.

여러 가지 면에서 가브리엘은 조현병의 '전형적인' 사례였다. 19살에 우울, 분노, 망상, 환각과 같은 증상들의 출현. 대학교 자퇴, 정신보건 시스템 의존, 입원, 투약, 정신요법, 갱생시설. 술과 약물 중독과 싸우면서 조현병이라는 진단이 수반하는 사회적 낙인을 견디며 보낸 십 년. 식료품점에서의 점원 아르바이트.

그리고 38살이라는 이른 나이의 죽음. 그 죽음은 아마도 "건강하고" "정상적"으로 보이기 위해 그동안 받았던 스트레스와 과로 때문일 것이다. 이게 끝이다.

하지만 정신병을 가지고 살아온 사람이라면 누구나 알듯이, 모든 전형적 사례는 또한 그만큼 철저히 특수하고도 개별적이다. 모두들 자신만의 방식으로 광기에 빠진다. 그리고 가족마다 정신장애를 겪는 아들딸이나 형제자매 혹은 부모를 다루는 자신들만의 방식을 가지고 있다. 모든 착란은 질서에 대한 응답이며, 사회적이고 제도적인 상황에 대한 교란이다. 비록 정신병은 가족과 사회로부터의 고립을 낳지만, 그것은 결코 단독으로 일어나지 않는다. 어떤 가족은 산산조각이 나지만 어떤 가족은 더 강해진다. 어떤 희생자는 증상에 굴복하여 조용히 고통받으며 여생을 보내고 사라지지만, 어떤 희생자는 할 수 있는 한 모든 수단을 사용하여 맞서 싸운다. 이 책은 그렇게 맞서 싸웠던 한 사람에 관한 이야기이다. 지극한 명석함으로 자신의 광기를 보려고 시도하고, 광기를 **통해** 그 너머에 있는 무엇인가를 보려고 노력했던 어떤 사람에 관한 이야기이다. 또한 이 책은 그가 조현병에서 살아남을 수 있도록 20년을 함께 도왔고 이제는 그의 삶이 죽음 너머에서도 계속되고 있음을 확신하는 어느 가족에 관한 이야기이다. 가브리엘이 언젠가 표현했듯, "사람들은 늘 변하고 있다. 심지어 무덤 너머에서도."

나는 광기라는 렌즈를 통해 가브리엘의 삶을 의학적 꼬리표와 선입견을 넘어서 바라보려고 노력했다. 그래서 예술과 노동과 기술을 통해 광기를 내부에서부터 보려고 부단히 시도했던 어느 구체적 개인을 이해해보려고 했다. 물론 나는 내 아들이 아주 특별했다고 생각하며, 이는 자식을 잃은 모든 부모가 공통적으로 가지는 생각이라는 것도 안다. 하지만 모든 특별함이란 전형적인 동시에 구체적인 것이며, 평범한 동시에 특수한 것이다. 이 책에서 나의 목표는 다시 돌아오지 않을 내 아들의 삶을 구체적으로 서술함으로써 추모하는 것이며, 그의 투쟁의 이야기를 펼침으로써 죽음의 순간에 이르기까지의 그의 모습을 최대한 투명하게 보여주는 것이다. 만일 이 이야기가 또 다른 사랑스러운 "정신의 여행자"와 함께하고 있는 이들을 도와줄 수 있다면 더할 나위 없으리라.

누군가를 질병이 아니라 정체성으로서 "조현병 환자"라고 부르는 것은 의심의 여지없이 정치적으로 올바르지 않다. "조현병을 가진 사람"이나 (R. D. 랭을 따라) "이른바 조현병 환자라고 불리는 사람"이라고 부르는 것이 더 낫다. 랭의 정식화는 조현병이 당뇨병처럼 하나의 '정체성'이 되어버린 질병이라는 사실을 깨닫게 해준다는 장점이 있다. 당사자가 좋아하든 싫어하든 사회가 그렇게 불러서 생긴 정체성 말이다. 그것은 당사자가 선택한 정체성이 아니라 외부에서 부과한 정체성이다. 게다가 의료당국이 그렇게 부과했다는 점이 가장 끔찍하다. 이는 "나는 조현병이라는 병을 가지고 있어" 혹은 "나는 조현병 환자인 사람이야" 사이를 오가는 선택이 될 것이다. 가브리엘은 둘 중 하나를 편안하게 사용했다. 그리고 조현병을 소수자의 지위로 낙인찍는 사회를 정치적으로 비판하고 싶을 때 반어적으로 후자의 말을 쓰기도 했다. 나는 이 책에서 이러한 질병과 정체성 사이의 구별에 시간을 할애하지는 않으려고 했다. 따라서 내가 "조현병 환자"라는 단어를 쓸 때에는 내면이 아니라 외부에서 부과한 꼬리표라는 것을 인식할 수 있도록 "이른바"라는 말이 괄호 안에 붙어 있는 것으로 읽어주길 바란다.

1

"저는 이제 노숙자가 되어야겠어요"

1991년 가을에 나는 가브리엘에게서 급하다는 전화 메시지를 한 통 받았다. 뉴욕 대학교에 입학한 지 몇 주 되지 않아서였다. 가브리엘은 중요한 이야기가 있다며, 메시지를 확인한 즉시 연락해 달라고 했다. 대체 무슨 이야기일까? 전공 선택에 대한 중요한 통찰력을 얻었나? 아니면 꿈에 그리던 여자아이를 만났나? 그 당시 우리의 전화 대화는 열광으로 가득 차 있었다. 가브리엘은 수업들이 재미있다고 했고, 특히 철학이 좋다고 했다. "교수님들이 모두 저를 좋아하세요. 특히 F교수님은 제가 아주 똑똑하다고 생각하시는 것 같아요." 그리고 학생들의 파티와 그리니치 빌리지의 카페들은 모두 "멋지다는 말로 다 표현되지 않는다"라고 했다. 나는 섹스와 실존주의를 발견했던 1960년대의 내 신입생 시절이 떠올랐다. 가브리엘이 작은 지방 인문대학으로 가는 게 더 나을지도 모르겠다고 우리는 생각했지만, 그는 뉴욕으로 간다는 생각에 들떠 있었다. 그리고 실제로 그곳은 끝없는 호기심과 파격적인 감수성을 만족시켜줄 이상적인 장소로 보였다. 가브리엘은 늘 무언가를 찾아다니고 있었기 때문에, 자신의 삶에서 터닝 포인트가 될 새로운 열정의 대상을 찾았다고 선언하는 것이 전혀 어색하지 않을 것이었다.

내가 전화를 걸자 가브리엘은 단도직입적으로 말했다. "아빠, 저는 진정한 삶의 방식을 발견했어요. 모든 것을 포기하고 이제는 노숙자가 되어야 한다는 것이 분명해졌거든요." "음, 그것 참 흥미롭구나." 나는 조심스럽게 대학 카운슬러 같은 태도를 취하면서 말했다. "뉴욕 대학교는 네가 노숙자들과 함께 일하길 원한다면 분명히 사회사업 쪽으로 좋은 프로그램을 많이 가지고 있을 거거든." "아니에요, 아빠. 노숙자들과 함께 일하고 싶은 게 아니에요. 제가 노숙자가 '되어야겠다'는 거예요. 아빠와 엄마는 정말 삶이라는 게 뭔지에 대해 아무것도 아는 게 없어요. 아빠는 따뜻한 집에서 책과 기록들에 둘러싸인 안락한 삶이라는 환상 속에서 살고 있잖아요. 노숙자들만이 여기에서 제가 만나본 사람들 중에서 유일하게 현실과 접촉하고 있는 사람들이에요." 나는 그 낡은 "현실원칙"이라는 카드를 꺼내 들었다. "맞아." 나는 말했다. "그들은 현실과 직접 접촉하고 있지. 하지만 그건 고통으로 가득한 끔찍한 현실이야. 늘 배가 고프고, 딱딱한 공원 벤치에서 잠을 청해야 하는 현실이지." 하지만 가브리엘은 이미 준비가 되어 있었다. "아빠가 거기에 대해 진짜 알고 있어요? 노숙자들과 대화해본 적 있어요? 어울려본 적은요? 아빠야말로 현실을 보기를 거부하는 사람이에요."

가브리엘이 아버지와 어머니가 아무것도 모른다고 열변을 토한 건 사실 처음이 아니었다. 가브리엘은 고등학교 시절 내내 낙서하는 깡패들과 어울려서 시카고 시내를 돌아다니며 스케이트보드를 타고 파티를 하고 다녔다. 학자의 삶을 살고 있는 나나 시카고의 아방가르드 음악계에서 작곡가이자 연주자로 활동하고 있는 아내에게는 미지의 영역이라고 할 수 있는 어떤 도시적 삶의 측면을 가브리엘이 그때 접해보았다는 건 나도 알고 있었다. 하지만 노숙자가 된다고? 이건 현실에 대한 탐험에서 또 다른 새로운 반전이었다.

더 불길했던 건, 가브리엘이 용돈을 좀 더 올려달라고 이야기했을 때였다. 그는 책 살 돈을 워싱턴 스퀘어에서 구걸하고 있는 사람들에게 다 줘버려서 돈이 없다고 했다. 그 사람들이 먹을 걸 달라고 하면 점심을 가져다주었고, 잘 곳이 없다고 하면 기숙사 방으로 데려와서 재웠다고 했다. "그런데 기숙사 사람들은 별로 안 좋아하더라고요. 무슨 정책에 위반된다나. 말이 안 되죠. 그건 제 방이고 아빠가 돈을 내잖아요. 그러니 저한테는 친구들을 데려올 권리가 있어요."

가브리엘이 겨울 코트까지 노숙자에게 줘버렸다는 말을 하자 나는 그를 최대한 전화로 오래 잡아놓아야겠다는 결심을 했다. 그래서 스포츠로 화제를 전환했다. 우리는 마이클 조던과 시카고 불스를 찬양하면서 크리스마스 방학 때 경기를 보러 가는 게 어떨지 이야기했다.

그러자 가브리엘은 자연스럽게 "크리스마스 이야기가 나

왔으니 말인데요, 산타 할아버지한테 새 CD 플레이어를 달라고 해도 될까요?"라고 물었다. "당연하지." 나는 가브리엘이 이렇게 물질주의와 정상성으로 되돌아온 것에 안도의 한숨을 쉬었다. 노숙자가 되어 벤치에서 잠을 잔다면 그 CD 플레이어를 대체 어디에다 꽂으려고 하냐고 묻고 싶은 걸 간신히 참았다.

내가 당시에 알지 못했던 것은, 20년의 고통 끝에 자신의 생명을 스스로 끝내게 만든 정신병이 그때 가브리엘에게서 시작되고 있었다는 사실이다. 이 책은 그 20년이라는 세월에 관한 이야기이다. 그 시간은 가브리엘이 조현병의 증상을 겪고 그 진단과 싸우고 안정감을 얻고 창조력의 분출을 감당하기 위해 정신보건 시스템의 미로를 헤쳐나갔던 시간이다. 가브리엘은 생의 마지막 몇 년 동안 자신의 예술적 재능을 정신병이라는 주제 자체로 쏟아붓기 시작했다. 그리고 장 뤽 고다르의 〈영화의 역사〉라는 영화를 모델로 삼아 〈광기의 대화〉라는 영화를 만들겠다는 야심을 가졌다. 이를 위해 2011년 겨울에 〈광기의 대화〉라는 제목의 10분짜리 짧은 파일럿 영화를 제작했다. 가브리엘의 목표는 명확했다. "나는 나의 병이 스스로 작동하게 하고 싶다." 그는 말한다. "내 목표는 조현병을 사형선고가 아니라 학습의 경험으로 바꾸는 것이다." 가브리엘은 정신병이 영화와 예술, 문학에서 재현된 자료를 수집하는 데 도움을 줄 리스트에 내 이름을 올렸다. 〈광기의 대화〉는 우리가 "광기의 지도"라고 불렀던 이 거대한 지도를 어떻게 사용하기를 기대하고 있는지를 보여준다. 이 파일럿 영상은 〈바닐라 스카이〉, 〈뻐꾸기 둥지 위로 날아간 새〉, 〈시계태엽 오렌지〉와 같은 광기에 대한 할리우드 영화를 샘플링한 영상도 포함하고 있다. 가브리엘은 이 자료들을 광기의 최근 형태들, 정신과 의사들과의 인터뷰, 비전문가들과 노숙자들과의 인터뷰와 교차 편집하여 보여주려고 했다. 그리고 정신 착란적 지각을 보여주기 위한 특수효과를 사용하고 자기 어머니의 음울한 음악을 배경에 깔았다. 원래 가브리엘이 만들려고 했던 장편영화에는 모든 시대와 문화에서 재현된 광기의 이미지들이 담겼을 것이다. 고야, 블레이크, 히에로니무스 보스의 이미지들을 네부카드네자르 왕과 고대의 미친 신들의 이미지와 함께 엮어서 말이다.

　가브리엘은 자신의 영화가 광기를 부정적 연상에서부터 긍정적 연상으로 바꿀 수 있을 것이라고 생각했다. 그래서 광기를 "정신적으로 아픈"이라고 분류해서 낙인찍고 고립시키는 이름표로서가 아니라 모든 인간의 경험을 이해하는 비판적 틀로 만들 수 있을 것이라고 보았다. 가브리엘은 정상성과 광기 사이의 사회적이고 의학적인 경계를 탐구하고자 했고, 그 경계를 통해 인류가 치유 불가능한 정신장애와 대면할 수 있게 되는 시대를 예견하고자 했다. 그는 미셸 푸코의 수수께끼 같은 예언을 즐겨 인용했다. "아마도 언젠가는 광기가 무엇이었는지를 더 이상 알지 못하는 날이 오게 될 것이다." 그런 날이 오면 우리는 광기를 통해 세상을 바라보게 될 것이고, 그래서 어떤 미지의 목적지를 볼 수 있을 것이라고 생각했다. 가브리엘의 영화는 그 새로운 세상에 대한 일종의 로드맵을 제공하게 될 것이다. 광포한 정신병원이 아니라 인간이라는 광기의 종족을 위한 안전가옥이자 피난처가 되는 새로운 행성으로서 말이다.

가브리엘의 계획은 그 영화를 자신의 누나인 카먼과 함께 제작하는 것이었다. 카먼은 이미 로스앤젤레스의 영화와 연극 업계에서 일하고 있었고, 작가와 배우, 감독이 될 수 있는 길을 찾으려고 고군분투하고 있었다. 카먼과 가브리엘은 2010년 12월에 가브리엘의 영화 프로젝트를 보여주는 영상을 찍었다. 오늘 나는 이 비디오에서 가브리엘이 얼마나 차분하고도 이성적이었는지를 보고 놀란다. 가브리엘은 또렷하고도 단호하게 그날의 날짜를 말하면서 영상을 시작한다. 아마도 그 영상 속의 대화가 자신의 야심찬 프로젝트의 시작을 열게 될 것이라는 사실을 분명히 알고 있는 듯하다. 그러고 나서 카먼은 영화에 대해 질문한다. "자, 가브리엘. 우리는 왜 이 영화를 만드는 거야?" "난 우리가 일종의 진리를 얻으려 한다고 생각해." 그가 대답한다. "광기는 역사를 통틀어 모든 문화와 전통에서 발견되는 거야. 때로는 악으로 생각되기도 하고 때로는 선으로 보이기도 해. 나는 이 메시지를 관객에게 전달하고 싶어. 그래서 광기에 대해 최대한 객관적으로 접근하려고 해. 무엇이 정신병이고 무엇이 아닌지를 보여주고 싶어. 사람들을 암흑에서 이끌고 나오는 거지." 가브리엘은 계속해서 광기에 대한 탐구를 인간의 공통된 조건으로 보편화하려고 한다. 카먼은 가브리엘에게 영화를 통해 정신병에 관한 어떤 질문을 하고 싶은지를 묻는다. "난 자아과대증grandiosity에 대한 질문이 재미있다고 생각해. 왜냐하면 그건 항상 존재해왔거든. 자신을 위한 목표를 세우는 기본 과정의 일부지." 카먼이 자아과대증의 건강한 형태와 건강하지 못한 형태 사이에 차이가 무엇인지를 명확히 해달라고 요구하자 그는 말한다. "나는 자아과대증을 일종의 도구로 사용하기를 원해. 내가 너무나 잘 아는 거니까." "누구나 어느 정도는 자아과대증을 가지고 있지. 내가 그걸 좋아하는 이유는 그것이 늘 시각적으로 드러나기 때문이야. 자신이 되고 싶은 것에 대한 특정 유형의 이미지에 기반하고 있거든. 물론 우리의 악몽과 공포에도 어두운 면은 있어." 우리를 좌절시키기 위해 속삭이는 것은 "때로는 시각적이라기보다는 청각적인 목소리이다." 자아과대증이 불가능한 일을 할 수 있다는 망상적 믿음을 수반한다는 점에서 문제적일 수 있다는 점은 가브리엘도 인정한다. (그가 불가능한 일의 예로 드는 것은 축구선수나 스케이트보더가 되겠다는 소년시절의 꿈이다.)

하지만 이런 망상은 인간의 보편적 특성이라고 가브리엘은 주장한다. 과대망상은 자기파괴적일 수 있지만, "광기를 불치병이 아니라 일종의 통과의례로 바꿔주는 하나의 도구로 전환될 수 있다"라고 그는 말하고 있다. 자아과대증은 정신병을 가진 어떤 사람에게는 위험할 수 있지만 자신에게는 그렇지 않다고 한다. 정신병의 공인된 희생자라는 자신의 상황에 대해서 그는 자신의 임무가 '거장'인 정신병 환자가 되는 것이라고 선언한다. 그는 말한다. "내가 만약 미치게 되면 나는 정말 미치는 걸 잘하고 싶어. 광기계의 마이클 조던이 되고 싶은 거야."

대화가 계속되면서 초점은 영화 프로젝트에서부터 정신병에 대한 가브리엘 자신의 경험으로 옮겨간다. 특히 조현병이라는 진단과 조현병 치료에 대한 자신의 태도에 집중한다. '거장' 정신병 환자라는 표현은 실제로는 정신병이라는 전체 틀에 대한 저항으로 표현된 것이라는 점이 분명해진다. 가브리엘은 "조현병적 인격장애"라는 초기의 진단에서 "조현병"으로 진단명이 바뀌었던 것을 이야기하면서, 그런 꼬리표는 너무 모호해서 실제로는 아무짝에도 쓸모가 없다고 주장한다. 가브리엘의 목소리는 분노 때문에 격해진다. 그는 기분이 어떤지를 계속해서 집요하게 물었던 치료사들을 흉내 낸다. 그때 자신의 정신적 삶에서 가장 중요했던 것은 정신과 의사들에게 박해받고 있다는 느낌이었다고 한다. '투약'은 기분만 더 나쁘게 만들 뿐 아무런 소용이 없었다고 했다. 게다가 약은 자신의 의지에 관계없이 처방되었다고 한다. "내가 투약을 거부하면 나는 내가 누리는 혜택이나 집, 그리고 자유를 잃게 돼." 대화가 끝날 즈음에 가브리엘은 모든 추론 능력을 동원해 역설적 덫을 짜고 있는 것처럼 보인다. 가브리엘은 조현병에 대한 부정이 사실은 조현병에 대한 증거로 받아들여진다는 사실에 대해 불평을 늘어놓는다. 단지 "부정"이라는 증상으로서만 받아들여진다는 것이다. 그는 자신이 조현병이 아니라 외상후스트레스증후군PTSD을 가지고 있다고 주장한다. 하지만 그가 16살에 겪었다는 외상성 두부 부상과 혼수상태에 대한 이야기를 아무도 믿지 않는다. 왜냐하면 그는 자신을 다치게 했던 폭력집단이 가족에게 복수하지 않게 하기 위해서 그 사실을 비밀로 했기 때문이다. 설상가상으로 그가 그 외상에 관해 이야기하면 그건 그 사건을 다시 기억나게 할 것이고, 그렇게 되면 모든 것이 다 원점으로 돌아가게 된다. 가브리엘은 그 사건을 잊고 자신의 삶을 살아가고 싶다. 왜 자신의 삶이 단 한 순간으로 결정되어야 하는가? 왜 자신이 희생자로 살아야만 하는가? 이 시점에서 가브리엘이 조현병이라는 꼬리표에서 도피하기 위해 PTSD를 이용하는 것은 새로운 덫에 빠지게 된다. 그는 자신을 아프가니스탄에서 돌아온 병사로 비유하는데, 단지 자신에게는 자신의 상태를 정당화해줄 흉터가 눈에 보이지 않을 뿐이라고 한다. 가브리엘은 정신병이라는 꼬리표를 받아들이는 것처럼 보이는 순간 다시 거부하고 있다. 그는 자신에게 병을 일으킨 사람들에 대해, 그리고 그 병에 대해 치료법을 가지고 있다고 주장하는 사람들에 대한 분노로 가득 차 있다. 탈출하는 유일한 방법은 영화를 만드는 것이다. 영화는 "정신의학과 일반의학이 볼 수 없었던 진리"를 드러내줄 것이다. "나는 광기가 무엇인지를 안과 밖에서부터, 위아래로, 그리고 양 측면에서부터 보여주고 싶어."

그가 죽은 지 7년이 지난 지금도 카먼은 그가 남긴 수백 장의 원고와 그림과 몇 시간 분량의 비디오테이프를 모아서 가브리엘의 삶에 대한 영화를 만들고 있다. 그가 가장 좋아했던 매체로 자신의 프로젝트를 보여주는 카먼의 영화가 만들어질 때까지는 이 책이 그의 삶을 기억하는 일을 해야 할 것이다.

———

가브리엘은 1973년 7월 25일에 오하이오에서 태어났다. 나는 오하이오 주립대학에서 영문학 강의를 시작했고, 아내 재니스는 작곡과에서 가르치면서 학위를 딸 준비를 하고 있었다. 가브리엘은 1970년대까지도 지속되었던 1960년대의 정치적 혼란 한가운데 태어났다. 그가 태어나기 일주일 전에 존 딘 전 백악관 법률고문이 닉슨 대통령의 테이프가 존재한다고 폭로하면서 닉슨의 탄핵과 사퇴를 향한 카운트다운이 시작되었다. 베트남 전쟁과 인권운동 시대의 그림자는 여전히 생생하게 살아 있었다. 재니스와 나는 2주에 한 번씩 주말마다 급진주의자와 히피로 살았고 반전시위대이자 공동체 생활의 실험자가 되었다. 1960년대 중반에 볼티모어에서 보낸 학창시절에 우리는 워싱턴으로 정기적으로 시위를 하러 갔고, 의식을 고양시키기 위해서 메릴랜드 시골로 여행을 떠나기도 했다. 나는 윌리엄 블레이크에 대한 박사논문을 쓰는 중이었고, 재니스는 월러스 스티븐스의 〈아이스크림의 황제〉라는 시에 보컬로 된 배경음악을 창작하는 중이었다. "존재하는 것이 눈에 보이는 것의 피날레가 되게 하라 / 유일한 황제는 아이스크림의 황제다." 우리는 〈메타포시스〉라는 실험영화도 제작했다. 그것은 재니스의 전자음악이 흐르는 가운데 어느 청년이 "분열된 인격"의 지각을 표현하는 특수효과의 세계를 탐험하게 된다는 환각적인 이야기였다. 결국 우리는 삶 자체를 우리의 관계에 대한 혁명적 실험이자 우리 자신에 대한 혁명적 실험으로 받아들이고 있었던 것이다. 우리가 1968년 콜럼버스로 이사했을 때쯤 우리는 파리의 학생운동을 본딴 새로운 미국혁명의 한가운데에 살고 있다고 느꼈다. 암살, 대학살, 격분의 나날[1969년 시카고에서 일어난 대규모 항의시위. —옮긴이], 탄핵, 성조기로 감싼 관, 켄트 주립대 총격사건 [1970년 베트남전에 항의하는 반전시위대에게 총격을 가해 학생들이 사망한 사건. —옮긴이], 마약, 섹스, 그리고 로큰롤의 시대. 윌리엄 블레이크의 시와 미술에 대한 논문을 쓴 영국 낭만주의 문학 전공 학자로서 나는 블레이크의 시대와 아주 유사한 시대를 살고 있다고 확신했다. 밥 딜런의 가사에 나오는 "한밤 카페 음악과 공기에서 혁명의 소리가 울려대는" 시대였던 것이다. 프랑스혁명 시대에 대한 워즈워스의 묘사("그 새벽에 살아 있다는 것은 지극한 행복이었네 / 하지만 젊음은 바로 천국이라네")는 우리의 60년대에도 똑같이 적용되는 것처럼 보였다. 나는 수업에서 유토피아 문학과 SF를 가르쳤고, 블레이크의 〈천국과 지옥의 결혼〉의 새로운 버전이 눈앞에 닥치고 있다고 학생들에게 확신에 차 말하곤 했다.

1970년 10월에 카먼이 태어나면서 우리는 조금 차분해졌다. 나는 모터사이클 타는 걸 관뒀고, 재니스는 내가 아끼던 1965년 머스탱 컨버터블(나는 일 년 치 장학금을 이 차에 갖다 바쳤다)을 안전하지만 둔탁해 보이는 볼보 스테이션 왜건과 바꾸게 했다. 하지만 뱃속에서부터 롤링 스톤스와 비틀스, 아레사 프랭클린, 오티스 레딩을 듣고 자란 카먼은 또한 '물병자리 시대'[춘분에 태양이 뜨는 별자리가 물병자리라는 뜻으로, 별자리가 바뀔 때마다 인간 세상에는 급격한 정신적 변화가 일어나는 것으로 여겨짐. ─옮긴이]의 아이였다. 또 오하이오 주립대학교에서 민속학을 창시한 친구 팻 멀린이 데려온 포크음악 연주자들의 음악도 들었다. 팻은 한번은 샘 보울스라는 잘 알려지지 않은 훌륭한 슬라이드 기타리스트를 음악축제 때문에 콜럼버스로 데려와서 우리집에 묵게 해도 되냐고 물었다. 물론 우리는 괜찮다고 했다. 다음날 아침 샘은 어쿠스틱 기타를 가지고 한 살이던 카먼에게 "내 곱슬머리아가씨"를 불러주어 즐겁게 했다. 그러면서 샘은 우리 냉장고에 있는 맥주 여섯 캔을 들이마셨고, 카멘은 얼굴에 오트밀을 덕지 덕지 발랐다. 우리는 카멘이 우리보다 더 실험적인 새로운 세대의 선두주자가 될 거라고, 그래서 우리가 그리던 유토피아를 실제로 건설하는 주역이 될 것이라고 상상하곤 했다.

　　나는 '민주사회를 위한 학생연합'SDC의 오하이오 주립대 지부 자문교수가 되었고, 교수연합인 '새로운 대학 회의'NUC를 창립했다. 우리는 오하이오 주립대의 새로운 총장을 위한 비공식 선거를 조직했다. (코미디언 딕 그레고리와 학자이자 활동가인 스토튼 린드가 우리의 후보였다.) 그리고 토론회를 생중계하고 강의실과 대학병원에 이동식 투표소를 설치해서 간호사에서부터 경비들, 학생들부터 교수들까지 모두 투표에 참여할 것을 독려했다. 오하이오 주립대의 학생회 부회장이었던 제프 야펠레이터와 "토머스 제퍼슨 야펠레이터 스타쉽"을 만들어 공연하기도 했다. 이들은 미국 건국의 아버지들로 분장을 하고 돌아다니는 퍼포먼스 집단이었다. 이들은 제퍼슨 에어플레인의 음악을 틀고 "바로 여기 리버시티에서" 민주주의가 재탄생하고 있다는 코믹한 촌극을 공연하면서 이동식 투표소를 따라다녔다. 대략 2만여 명이 투표를 했다. 스토턴 린드가 당선되었고, 그 즉시 딕 그레고리를 부총장으로 임명했다. 이 선거는 전국적으로 알려졌지만 오하이오 주립대의 이사회는 선거 결과를 단호하게 무시했다.

　　가브리엘이 1973년에 태어났을 즈음에 우리는 60년대가 거의 끝나가고 있다고 생각하기 시작했다. 환각제와 "흥분제"

의 시대는 이제 정부가 후원하는 새로운 "진정제"와 수면제의 시대로 바뀌어가고 있다는 루머가 오하이오 주립대학교에 돌았다. 어느 날 밤 나는 콘서트에 갔다가 마약에 푹 전 학생이 내 쪽으로 비틀거리면서 오다가 얼굴을 대리석 바닥 쪽으로 둔 채 그대로 쓰러지는 것을 목격했다. 그에게서는 지독한 악취가 풍겼다. 그는 피가 철철 흐르는 코와 부러진 이빨 사이로 미소를 지으면서 벌떡 일어났다. 자신에게 무슨 일이 일어났는지를 모르는 것 같았다. 나는 뭔가가 바뀌고 있다고 느꼈다.

'새로운 대학 회의' 새로운 미국혁명이라는 목표보다는 좀 더 온건한 쪽으로 방향을 틀어서, 임대인에 대항하여 임차인들을 옹호하는 공동체연합을 조직하기 시작했다. 우리는 오하이오 주립대에서 연기되어버린 미국혁명의 역사를 연구하기 시작했다. 60년대의 자유언론운동으로 행동주의 세대가 탄생한 곳이 바로 오하이오 주립대였다. 그리고 나는 대학의 종신 재직권을 따는 데에 집중하기 시작했고, 실험적 영화제작자라는 경력을 포기하고 블레이크에 대한 논문을 책으로 출간하기로 방향을 틀었다.

가브리엘은 누구였을까? 카먼에게 가브리엘은 우리 부부가 선물한 소중한 장난감이자 친구 같은 존재였다. 재니스와 나에게 가브리엘은 유머와 분노와 꿈같은 변덕스러움으로 가득 찬 기쁨과 좌절의 혼합체였다. 그는 창가에 앉아서 손가락을 빨고 머리칼을 꼬면서 한 시간이나 창밖을 쳐다보곤 했다. 훨씬 나중에 그는 이런 모습으로 앉아 있는 자신의 사진을 보면서 자신은 다른 사람들이 듣거나 보지 못했던 것을 늘 듣고 보곤 했

|그림 1| 손가락을 빨고 머리카락을 꼬면서 창가에 앉아 있는 가브리엘의 뒷모습 (1975-6년). 저자 소장사진.

었다고 이야기했다. 그는 모든 것을 흡수하면서도 가르침 받는 것에 본능적으로 저항하는 명민하면서도 냉담한 학생이었다. 그는 구구단을 외우기 전에 이미 길에 달리는 모든 자동차의 제작회사와 모델명과 제작연도를 줄줄 읊었다. 우리는 카먼과 가브리엘 중에서 누가 우리를 처음 웃게 하는지 콘테스트를 해본 적이 있다. 카먼은 자신이 아는 제일 웃긴 농담과 제일 이상한 표정을 지어보였지만 우리는 무표정하게 앉아 있었다. 그러자 가브리엘이 일어나 부엌으로 걸어가서 웃거나 멈추지도 않고 하포 막스나 찰리 채플린 같은 몸짓으로 그대로 휴지통 속으로

걸어 들어갔다. 우리는 폭소했다.

가브리엘은 우리 집안에서도 가장 사랑받는 존재가 되었다. 아기 때 별명("귀여운 궁둥이", "이쁜 똥배")에서부터 청소년기까지 계속된 적절한 정체성이라 할 수 있는 "귀염소년"까지 급속히 진화해갔다. 가브리엘에게는 그의 애정을 갈구하는 두 할머니가 있었다. 나의 어머니인 리오나는 그에게 무조건적 사랑의 의미를 가르쳐준 할머니였고, 재니스의 어머니인 플로렌스는 그에게 다양한 언어와 사교적 우아함을 가르친 할머니였다. 또한 플로렌스는 내셔널 풋볼 리그의 포인트 계산법에 대한 가브리엘의 가르침도 우아하게 받아들였다. 그래서 가브리엘은 슈퍼볼 대회 내내 플로렌스에게 장거리 전화를 걸어서 다운이나 색, 엑스트라 포인트 같은 용어를 인내심 있게 설명했다. 두 할머니 중 누구도 가브리엘이 아프다는 사실을 이해하지 못했다. "그 아이는 너무 똑똑하잖아." 그들은 말하곤 했다. "왜 그냥 정착해서 행복하게 살 수 없는 거니?"

가브리엘은 특히 재니스의 아버지인 로코에게 애정이 많았다. 나의 아버지인 전설의 "톰 할아버지"는 1930년대에 유콘 지방을 떠돌던 대담한 광부이자 프리랜서 탐광자였고, 가브리엘이 태어나기 훨씬 전 내가 5살일 때 돌아가셔서 가족의 전설과 희미해져 가는 사진 속에서만 존재했다. 반면 로코는 고등학교 과학 선생님이었고 수천 마리의 초파리를 부엌에다 풀어주고 집에서 아니스 열매로 만든 강장제를 학교 실험실에서 증류함으로써 명성이 자자했던 인물이었다. 로코는 뉴저지의 뉴어크에서 대중적 명성을 얻었는데, 고등학교 중퇴자들을 위한 '청년교육센터'의 교장직을 맡아 몇 년 안에 높은 대학 입학률을 기록하는 성과를 이루었기 때문이었다. 우리는 카먼과 가브리엘이 식사를 마칠 때 잔소리를 늘어놓을 필요가 없었다. 로코가 '접시 깨끗이 치우기 클럽'을 만들어 가장 깨끗하게 접시를 치운 사람에게 액자로 된 표창장을 선물해주었기 때문이었다. 그는 아이들에게 고급종이와 초보자용 서예세트를 주어서 자신만의 표창장을 디자인하게 하기도 했다. 이러한 종류의 전략은 뉴어크에 있던 로코의 고등학교에서도 마법처럼 작용했다.

가브리엘과 로코는 처음에는 바보 같은 행동과 장난으로 뭉쳤다. 가브리엘의 손가락과 발가락을 잘못 센다든지(항상 남는 손가락과 발가락이 있었다), 물총놀이와 파이 던지기 놀이를 한다든지, 가브리엘의 세 번째 생일날에는 생일선물 뭉치를 식탁 위 샹들리에에 달아 가브리엘의 손이 닿을 수 없게 올렸다 내렸다를 반복한다든지 하면서 즐겁게 놀았다. 시와 예술과 과학은 모두 진리를 향한 하나의 탐험이라는 로코의 확신은 둘 사이의 유대관계를 더욱 깊게 만들었다. 로코는 식탁의 마법사 아저씨였고, 생일과 기념일을 위한 우스꽝스러운 시의 달인인 동시에 서사시를 쓰겠다는 야망을 가진 시인이었으며, 우리의 강아지들을 위한 애가를 쓰기도 했다. "셰바의 경주는 얼마나 빨리 끝나버렸는가."

1977년 여름에 우리가 시카고로 이사한 직후, 로코와 플로렌스는 우리를 도와주러 왔다. 그리고 로코와 네 살짜리 가브리엘은 부엌 창문을 밖에서 청소하기 시작했다. 나는 당시 언제나 준비되어 있던 카메라를 가지고 그들을 찍기 시작했다. 그러자 로코는 창문을 열어놓은 채 마치 보이지 않는 유리가 있는 것처럼 그 공간을 청소하는 흉내를 내기 시작했다. 가브리엘은 즉시 그 존재하지 않는 유리를 향해 자신의 팔을 내밀기 시작했고, 로코는 가브리엘이 유리를 관통할 때마다 가브리엘의 팔을 당기고는 손가락을 흔들며 그를 야단치는 척했다.

물론 이 장면이 내 머릿속에 생생하게 남아 있는 것은 내가 우리의 소중한 가족 동영상에서 장면을 포착했기 때문일 것이다. 하지만 그 장면은 또한 환상과 현실을 유희하고 있다는 점에서 내 머릿속을 떠나지 않는다. 로코가 네 살짜리 가브리엘에게 현실 검증의 역할을 하도록 하고 있었기 때문이다.

나와 가브리엘의 관계는 웅장한 희망과 빈번한 좌절로 가득했다. 가브리엘이 태어났을 때 내 머릿속은 아들과 함께하는 미래에 대한 상상들로 가득했다. 아마도 그는 내가 되고 싶어 했던 훌륭한 운동선수가 되었을지도 모른다. 재능은 어느 정도 있었지만 눈이 나쁜 리시버였던 나는 미시간 주립대학에서 주는 성적 장학금을 받기 위해서 센트럴 미시간 대학교에서 제공하는 미식축구 장학금을 거절했다. 그리고 "선수가 될 뻔했던" 관객으로 만족해야 했다. 하지만 가브리엘은 아주 어릴 때부터 아버지에게 체계적인 코칭을 받을 수 있을 것이다. 나는 눈과 손의 협응을 훈련하기 위한 규칙적 훈련법과 민첩성 트레이닝, 힘을 기르는 코칭, 그리고 야구에서 가장 어려운 규칙들(포스아웃, 인필드 플라이, 번트를 하면 안 되는 때)에 대해 야무지게 가르쳐주기로 계획했다. 하지만 나는 이런 야심에서 곧 벗어났다. 누군가에게 뭔가를 배우는 것에 대한 가브리엘의 본능적 저항

감은 아마도 나의 서투른 코칭 때문이었을지도 모른다. 캐치볼 게임을 할 때 공이 글러브에서 튕겨 나와 가브리엘의 코를 때리면 연습은 바로 거기에서 끝나버리곤 했다.

나는 아버지가 아들을 가르치는 것이 얼마나 까다롭고 어려운 일인지를 깨달았다. 다섯 살에 아버지를 여의고, 아버지의 흔적이라고는 우리 집 뒷마당에 내 손으로 아버지의 유골을 묻었을 때 맡았던 냄새밖에 없는, 그리고 첫 번째 만남에서 홀딱 반해버렸다는 어머니의 반복되는 이야기밖에 없는 나 같은 아버지에게는 더욱 그랬다. 아버지는 내 어린 시절 기억 속에는 덩치가 엄청나게 큰 인물이었고, 오지 비행사 자격증을 가지고 있어서 내가 네 살 때 로스앤젤레스를 지나 파이퍼 클럽으로 나를 데리고 비행했던 영웅적인 광산 엔지니어였다. 아버지는 바위와 철도에 대해 '모르는 것이 없는 남자'였다. 어느 날 아버지는 리노의 횡단보도에서 공회전하고 있는 증기 기관차의 기관실로 나를 들어 올려 태워주었고, 거기에서 나는 그을음과 기름 때로 얼굴이 뒤덮인 어느 엔지니어와 원더 브레드 샌드위치를 나눠 먹어야 했다. "저 정말 이거 먹어야 해요?" 나는 아버지에게 속삭였다. "그렇지." 아버지가 고개를 끄덕이면서 거절하는 건 무례하다고 말했었다.

나도 가브리엘이 나를 내 아버지와 같은 전설적 인물로 봐주기를 원했을지도 모른다. 하지만 나는 결코 가브리엘이 다섯 살이 되었을 때 죽음으로써 아들을 버리지 않으리라 결심했다. 내 아버지가 약속했던 그 높은 곳으로 나의 아들을 이끌 수 있을 때까지 반드시 아들 곁에 있으리라고 말이다. 어린 시절에 내가 좋아했던 모래성 쌓기 놀이를 가브리엘과 함께 하고 있을 때면, 해변에 있던 아이들이 우리의 작품을 보려고 몰려들곤 했었다. 하지만 가브리엘은 때로 그것을 거부했다. 나는 모래성 자체를 복잡하게 만드는 것에 초점이 있었다. 그것은 내게 스러져 가는 아름다움의 상징이었지 네 살짜리 아이의 파괴적 충동의 목표물이 아니었다. "이제 무너뜨려도 돼요?" 모든 작업이 끝나면 가브리엘은 피할 수 없는 요청을 해왔다. "안 돼. 이건 미시 간호를 위해 남겨두자." 아니면 우리가 갔던 곳에 따라 대서양을 위해, 아니면 태평양을 위해. "아, 아빠, 제발요." 나는 단호했다. 아마도 나는 원더 브레드 샌드위치의 교훈을 기억했는지도 모른다.

2

« 매드 » 투어

가브리엘이 열 살이던 해 여름에 우리는 늘 그랬듯 뉴저지를 방문해서 할아버지 로코와 할머니 플로렌스와 시간을 보냈다. 우리의 일과는 늘 일정했다. 저지 쇼어 해변에서 하루 이틀간은 서핑도 하고, 모래성도 쌓고, 해변 산책로를 걷고, 칼라마리와 피자, 솜사탕을 실컷 먹고, 해산물 요리 뷔페 식당에서 생선 스페셜 요리를 "마음껏" 먹었다. 로코는 카먼과 가브리엘에게 뷔페 식당을 경제적으로 이용하는 방법에 대해 조언해주곤 했다. "빵을 먹으려고 하지 말거라. 새우와 조개와 초콜릿 무스만 무진장 먹으면 돼. 우리 같은 손님에게서는 단 한 푼도 남길 수 없을 거야!"

하지만 그해는 달랐다. 로코 할아버지는 봄에 잠깐 앓으시더니 갑자기 세상을 버리셨다. 갑자기 세상이 텅 비어버린 것처럼 느껴졌다. 카먼은 플로렌스, 재니스와 함께 지내느라 바빴고, 나는 가브리엘에게 남자들끼리 뉴욕에 잠시 다녀오자고 제안했다. "뭘 하고 싶니?" 나는 가브리엘에게 물었다. 로코 할아버지가 늘 농담으로 구사하곤 하던 말실수를 활용했다. "엄파이어 스테이트 빌딩['엠파이어'를 야구 심판 '엄파이어'로 일부러 혼동함. ─옮긴이]에서 별 볼일 없는 야구 선수들이 기념된 걸 볼까? 아니면 자유의 법령[여신상을 뜻하는 Statue를 법령을 뜻하는 Statute로 잘못 발음함. ─옮긴이]에 가서 법률서적들이 쌓여 있는 걸 볼까? 아니면 외할머니네가 맨날 잘못 부르는 '권위의 항구'[항만국 Port Authority을 Port of Authority라고 부름. ─옮긴이]에 가서 시간이나 때울까?" "아니요." 가브리엘은 말했다. "난 《매드》 잡지사에 가보고 싶어요." 가브리엘은 《매드》 구독을 시작한 지 얼마 되지 않아서 마블코믹스나 DC의 영웅 컬렉션들(배트맨, 스파이더맨, 슈퍼맨, 캡틴 아메리카, 판타스틱 포, 엑스맨, 지아이조)만큼이나 그 잡지에 푹 빠져 있었다. 나는 내가 제일 좋아하는 원더우먼을 그의 컬렉션에 슬쩍 끼워 넣어주기도 했다. 나는 《매드》 잡지사에 전화를 걸었다(그곳은 '매디슨 애비뉴'에 있다는 걸 주소에 강조해놓았다). 전화를 받은 직원은 잡지사 투어 서비스는 없지만 들러준다면 언제든지 환영이라고 했다.

우리는 그날 오후에 《매드》 잡지사에 도착했다. 엘리베이터에서 내리니 형광등 불빛 아래 낡은 장판이 깔려 있었고, 스웨덴식 모던한 소파와 깨진 플라스틱 의자, 그리고 다양한 언어로 출간된 《매드》 잡지들이 지저분하게 널려 있는 커피 테이블이 좁은 공간에 옹기종기 모여 있었다. 나는 핀란드어, 일본어,

터키어로 출간된 그 잡지들을 처음에는 잘 알아보지도 못했다. 사무실 한쪽 구석에는 《매드》 잡지의 상징인 대책 없는 괴짜 알프레드 E. 뉴먼의 조각상이 머리에 플라스틱 비둘기를 얹은 채로 "뭐 하러 걱정해?"라는 몸짓을 하고 서 있었다. 전화를 받은 직원은 콜라 잔을 든 덩치 큰 여성이었고, 자기 일에 너무 집중한 나머지 우리를 신경 쓸 여유가 없어 보였다. 몇 분이 지나 나는 그녀의 관심을 얻는 데에 성공했고, 오전에 투어 문의하러 전화했던 사람이라고 소개했다. 그녀는 우리를 잠시 멍하게 보더니 마침내 고개를 돌리고 안쪽 사무실에 있는 누군가에게 소리를 질렀다. "여기, 그 투어하고 싶다는 아이가 왔어!" 두 남자가 안쪽 서재에서 걸어 나오더니, 가브리엘의 팔을 한쪽씩 잡고는 바닥에서 들어올렸다. 가브리엘의 다리가 공중에서 달랑거리는 채로 그들은 달려서 안쪽 사무실을 빙 돌아 다시 로비로 나왔다. 그리고 가브리엘을 내려놓으면서 말했다. "자, 이제 투어 끝났다."

그 모든 것이 장난이라는 것을 깨닫고 나서야 우리는 안심했다. 그들은 웃음을 터뜨리면서 말했다. "자, 꼬마 친구. 진짜로 보고 싶은 게 뭐니?" 물론 가브리엘은 삽화가 돈 마틴과 편집주간 하비 커츠만, 잡지사 대표 윌리엄 게인즈, 그리고 모든 청소년과 청소년기를 되찾고 싶은 아버지들을 푹 빠지게 만든 만화가들을 만나고 싶어 했다. 하지만 그 예술가들은 잡지사 사무실로는 거의 오지 않는다고 했다. "그 사람들은 거의 대부분 정신병원에 살고 있어서 자유롭게 밖을 돌아다닐 수가 없단다." "정말요?" 가브리엘이 물었다. "아니, 사실은 아니야." 그들이 인정했다. 예술가들은 누추한 집에서 가난하게 살면서 작업하고 있어서 우표를 살 수가 없기 때문에 작품을 제출하러 직접 올 수밖에 없다고 그들은 이야기를 다시 수정했다. "그분들을 직접 만나볼 수 없다면 원화라도 봐도 될까요?" 우리는 파일을 보관하는 캐비닛이 열을 지어 서 있는 곳으로 안내받았다. 각각의 캐비닛에는 '더러운 그림 파일', '야한 그림 파일', '괴상한 그림 파일', '멍청한 그림 파일' 같은 제목이 붙어 있었다. "뭘 찾아야 될 때는 대체 어떻게 찾으세요?" 가브리엘이 물었다. "우리가 뭘 찾는다고 누가 그러든?" 우리의 가이드가 말했다. "우리는 현재만 살아. 늘 기억상실증에 걸려 있지." 그렇지만 모종의 정렬순서는 있었다. 그들은 우리가 보고 싶어 하는 것을 그럭저럭 찾아냈다. 예를 들어 라디오 프로그램인 〈그림자〉("인간의 마음속에 어떤 무시무시한 악이 숨어 있는지 누가 알겠는가?")의 안티히어로인 셰도스키 붐붐을 패러디한 잡지 초창기 원화들 같은 그림들이었다. 우리는 〈스파이 대 스파이〉의 스케치도 보았고, 〈에일리언〉과 톰 크루즈의 〈탑건〉을 패러디한 《매드》 표지원화를 보면서 즐거워했다. 그들은 처음 드로잉한 후에 손으로 글씨를 써넣고 색깔을 칠해서 완성된 만화 원화를 만들어가는 과정도 보여주었다.

그 편집위원들은 가브리엘에게 몇 살인지 물었고, 가브리엘이 이제 열 살이 되었다고 하자 고개를 끄덕였다. "자네는 우리의 주요 타깃이야." 그들은 말했다. "13살 소년들이 주요 독자층이거든. 그러니 10살인 아이를 구독자로 잡을 수 있으면 평생 우리 잡지를 구독하겠지." (이 잡지를 1호부터 구독했던 독자로서 나는 이 말이 사실이라는 걸 증언할 수 있다. 물론 대부분의 현명한 독자들은 18살이 되면 《매드》 중독에서 벗어날 만큼 성장하지만.) 그리고 나서 그들은 투어가 어땠냐고 가브리엘에게 물었다. "멋졌어요. 그리고 엄청 안심했어요. 왜냐하면 모두 다 엄청 멋지고 대기업 같은 분위기가 나는 게 아닐지 걱정했거든요. 근데 제가 바랐던 것보다 더 엉뚱하신 것 같아서 다행이에요." 그들은 가브리엘의 취향과 분별력에 찬사를 보냈다. 그리고 10살의 나이에 벌써 《매드》의 구독자라는 건 둘 중의 하나를 의미한다고 했다. 정말로 조숙하거나, 아니면 완전히 미쳤거나.

나는 《매드》에 방문했던 기억이 조현병과 씨름할 때 가브리엘에게 일종의 무의식적 기억으로 작동하고 있지 않았나 생각한다. 병의 초기에 그는 환각적인 글씨와 만화, 수수께끼 같은 이미지를 그리기 시작했다. 가장 기이했던 이미지는 "사랑"(초록색), "정체성"(보라색), "위험"(빨간색)과 같은 단어들이 각인된 문을 그린 것이었다. 가브리엘에게 사랑은 정체성 너머에 있는 어떤 곳으로 가는 문이었다. 정체성은 외부의 위험을 막아주는 장벽이었던 것 같다. 아마도 조현병의 소용돌이 속에서 자신을 잃어버릴 것 같은 공포에 맞서게 해주는 장벽이었을 것이다. 가브리엘이 재니스와 나에 대해 가했던 비난들 중 하나는, 우리가 자유를 너무 많이 주고 훈육은 제대로 하지 않았다는 것이었다. 그래서 그에게 굳건한 정체성을 주지 못했다고 했다. 가브리엘에게 사랑은 닫힌 문 너머에 있는 무언가라고 생각되었던 것 같다. 우리가 그를 위해 열어줄 수 있었던, 아니 열어주었어야만 했던 문. 19살에 병이 시작되었을 때 가브리엘은 우리집에 있는

¦그림 2¦ 가브리엘 미첼, ‹가브리엘의 문: 사랑, 정체성, 위험›(1994). 컬러 잉크 스케치.

문이란 문은 다 발로 차고 다니기 시작했다.

2012년 5월, 가브리엘은 사망하기 몇 주 전에, 그는 마지막으로 만화책의 세계에 빠져들었다. 내 친구 힐러리 슈트는 아트 슈피겔만, R. 크럼, 앨리슨 벡델, 조 사코와 같은 아방가르드 만화가들과 함께 학회를 열었다. 또 다른 친구 패트릭 자고다도 가브리엘의 권유로 힐러리와 함께 와서 "슈퍼히어로 영화 모임"이라는 작은 모임의 핵심 멤버가 되었다. 이 모임은 DC와 마블 주인공들을 스펙터클한 영화 속에 모이게 하려는 프로젝트를 추진하고 있었다. 우리는 주로 "결점이 있는" 슈퍼히어로를 좋아했다. 우울증이 있는 배트맨, 인간에 대한 혐오를 품은 울버린, 정신병을 앓는 다크 피닉스, 그리고 불안한 대학원생인 스파이더맨 같은 불완전한 영웅들 말이다. 가브리엘은 슈퍼히어로 만화에 대한 일등 안내자였고, 힐러리는 거기에 비견될 만한 논픽션, 페미니즘, 자전적 그래픽소설의 역사로 우리를 인도했다. 힐러리는 우리가 "언더그라운드" 만화라고 불렀던 것들을 발굴하고 육성하는 사업을 하고 있었다. 패트릭은 비디오게임의 전문가였다. 내게 이 즐거운 여행은 재니스라면 설득당하지 않을 영화들을 함께 즐길 동반자를 만드는 완벽한 방식이기도 했다.

가브리엘에게는 자신이 숭배해 마지않았던 유년시절의 신들과 어울릴 기회였다. 그러나 또한 그들은 지극히 평범한 인간들이기도 했다. 가브리엘은 특히 슈피겔만에게 반했다. 그는 가브리엘과 담배를 함께 피우면서 자신은 수업 중에도 담배를 피우는 걸 고집한다고 했다. 교칙을 위반하기 위해서이기도 하지만, 주로는 "죽음의 전령을 교실로 데려오는 소도구"로서 그렇게 한다고 했다. 슈피겔만은 또한 «매드» 잡지의 엉뚱함과 미성숙성에 대한 가브리엘의 애착을 지지해주었다. 가브리엘은 이

┊그림 3┊ 가브리엘 미첼, ‹네이트 맥클레넌›(2012). 감사 메모 만화의 부분. 잉크 스케치.

미 자신의 삶을 스케치하는 중이었다. 그는 정신병의 세계를 관통하는 여정과, 자신의 뮤직비디오인 ‹황폐한 거리› 리메이크[‹황폐한 거리Desolation Row›는 밥 딜런의 노래 제목. —옮긴이]에 대한 집착을 그 스케치를 통해 보여주고 있었다. 피비 글로크너와 앨리슨 벡델처럼 스스로의 경험을 자서전적 만화로 녹여낸 만화가들과의 만남은 그에게 자극을 주었다. 만화 주인공의 역할은 근육질 남성이 딱 달라붙은 옷을 입은 돌연변이에 한정되는 것이 아니라 스케이트보더, 추방자, 안티히어로, 정신병 환자들로까지 확장될 수 있다는 가브리엘의 생각도 그들을 만나면서 더 확실해졌던 것 같다. 가브리엘이 사망한 직후에 가브리엘의 친구이자 만화가이며 그 학회에서 가브리엘과 함께 지냈던 네이트 맥클 레넌은 추락한 동료 가브리엘의 유령 같은 이미지를 불러내는 그림을 그려넣었다.

아버지와 아들 사이의 "적절한 거리"란 무엇일까? 때로 기 이하게도 나는 내가 가브리엘에게 아버지라기보다는 큰 형에 가까웠다는 생각이 들곤 한다. 그래서 그에게 멘토가 되어주거 나 훈육하는 것을 그와 경쟁하는 것과 혼동했던 것 같다. 하지만 나는 내가 아버지의 역할에 완전히 실패했다고는 생각하지 않 는다. 1990년대 초, 발병하기 전 가브리엘은 다정하고도 사랑스 러우며 큰 야망을 품고 있는, 아주 평범한 반항적 청소년으로 보 였다. 가브리엘이 열세 살 때 잠깐 정신치료를 받은 적이 있었 는데, 그때 경증 우울증이라는 진단이 나왔었다. 당시 가브리엘 은 아이비리그에 가려는 학생들이 다니는 시카고 대학 부속 실 험학교에 다니고 있었는데, 그가 그 경쟁적 학교를 떠나 우리집 에서 가까운 공립학교인 켄우드 고등학교로 전학가자 그 증상 은 없어지는 듯했다. 가브리엘은 흑인들이 대다수인 그 학교에 서 잘 지내보려고 적당히 노력하는 백인 소년이었다. 축구팀 주 장을 맡았고, 심리학에 대한 열정을 발견했으며, 친구들 사이에 서는 몽상가로 명성이 높았다. 가브리엘은 또한 몇 집 건너에 사 는 어느 여학생과 사랑에 빠졌으나, 어느 날 미시간 호숫가에 앉 아 밤새 삶의 의미에 관해 이야기한 후에(그는 우리에게 정말로 이야기만 했다고 했다) 그 여학생과 만나는 것을 금지당했다. 1991년 봄에 가브리엘은 고등학교를 졸업하고 대학에 갈 준비 가 된 것으로 보였다. 그해 가을에 가브리엘은 환희와 기대에 차

뉴욕 대학교에 도착했다. 우리가 그의 방에 스테레오 사운드 시스템을 내려주고 그의 룸메이트와 옆방에 산다는 여학생과 인사하고 나자, 가브리엘은 이제 그만 떠나주기를 바랐다. 재니스와 나는 조지 워싱턴 다리를 향해 북쪽으로 침울하게 반 시간을 달렸다. 그리고 다리를 건너면서 우리가 21년 만에 드디어 "빈 둥지"가 되었다는 걸 깨닫고 웃음을 터뜨리며 노래를 불렀다. 그로부터 몇 달 후에 "노숙자" 운운하는 전화가 걸려왔던 것이다. 그 전화는 다소 걱정스럽긴 했다. 하지만 그의 발병이 공식화되고 나서야 그 전화의 의미가 우리에게 분명해지기 시작했다. 그리고 많은 시간이 흘러 가브리엘이 죽은 직후에 그 전화는 가브리엘의 병과 관련해서 내가 떠올린 최초의 사건이었다.

노숙자가 되겠다는 전화를 받은 후인 1991년에서 1994년이라는 3년의 기간 동안 가브리엘은 열광과 절망 사이를 극단적으로 오가며 점점 증상이 심해져 갔다. 그는 크리켓이라는 소녀에게 반해서 너무 집착한 나머지 스토킹으로 고발당하기까지 했다. 가브리엘은 철학자가 되어 삶의 의미를 발견하려 했고, 크리켓이 없다면 삶은 아무런 의미가 없다고 결론을 내렸다. 학교에서는 쫓겨났고, 집행유예 기간에 짧게 복학했다가 다시 취소되었으며, 결국 완전히 다른 사람이 되어버렸다. 런던에서 3학년을 마치고 돌아온 카먼은 가브리엘의 변화를 이렇게 묘사했다. "내 다정하고 착하고 재미있던 동생이 이렇게 의심에 가득 찬 공격적인 존재가 되어버리다니. 내 동생은 유머도 사라졌고, 피해망상과 비난으로 가득한 눈빛으로 눈을 부릅뜬 채 앞을 노려보고 있다." 가브리엘은 Philmworx.com이라는 웹사이트를 개설했는데, 거기서는 좀 더 가볍게 자신을 묘사한다. "여러분이 부디 비위가 강해서 자신의 인생에 대해 스트립쇼를 하려는 이 예술가를 끝까지 지켜봐주길 바란다. 두 번째 바나나가 벗겨지는 걸 여러분은 목격할 수 있을 것이다." 가브리엘은 또한 자신이 독특한 초능력의 소유자라면서, "담배를 피우면서 동시에 커피를 마실 수 있는 초능력"을 가지고 있는 동시에, "명문대학교에서 쫓겨날 수 있는 돌연변이 능력"까지도 보유하고 있다고 한다.

가브리엘은 노숙자가 되겠다는 다소 기이한 전화를 했던 것을 제외하고는 뉴욕대에서 그럭저럭 무난한 한 해를 보내는 것 같았다. 그는 철학에 빠져서 우리에게 성 아우구스티누스와 플라톤을 인용하곤 했다. 우리는 가브리엘이 다른 대학 신입생이 그러하듯 골초가 되었을 거라고 생각했다. (나중에 우리는 그가 파티에서 쉽게 구할 수 있는 마약도 심심찮게 했다는 걸 알게 되었다.) 가브리엘은 친구도 잘 사귀는 것 같았고, 크리켓에 대한 짝사랑도 그다지 큰 문제로 보이지 않았다. 1992년 여름에 집에 왔을 때는 세미너리 협동조합 서점에서 일을 하기도 했고, 축구 서머캠프에서 코치를 하기도 했다. 하지만 그해 7월 말에 우리가 그를 집에 두고 2주간 유럽여행을 갔을 때 뭔가 심각한 징조가 발생했다. 가브리엘은 친구들 몇몇과 LSD 마약을 하고는 그들에게 자신이 하늘을 날 수 있다는 것을 보여주기로 결심했다. 그래서 집 뒤쪽의 3미터 높이 데크에서 뛰어내렸고 결국 발을 크게 다쳤다. 우리는 그 사건으로 마약에 대해, 그리고 하늘을 날 수 있다는 생각에 대해 뭔가 교훈을 얻었기를 바

AND NOT JUST THE OPINION OF THOSE ON DESOLATION ROW

│그림 4│ 가브리엘 미첼, ‹노숙자에게 돈을 뿌리는 스케이트보드를 탄 천사›(날짜 불명). 출처는 ‹황폐한 거리›.

랐다. 열정적인 스케이트보더이기도 했던 가브리엘은 충동적인 모험가이기도 해서, 시카고 시내의 구불구불한 지하도를 가리키는 "이쁜 엉덩이"를 겁 없이 누비고 다녔다. "폭주족"은 자신의 명예와도 같은 이름이었다. 나중에 가브리엘은 그 "엉덩이"에 대한 영상을 찍었다. 화면 밖에서 가브리엘의 목소리가 "날자, 날자, 날자"라고 외치고 있다.

1992년 가을이 되자 뉴욕대에서 모든 것이 처참하게 망가지기 시작했다. 어릴 적 친구인 알렉스가 뉴욕에 오면서 가브리엘과 함께 지내게 되었는데, 가브리엘이 알렉스에게 마리화나를 준 것이 화근이 되었다. 기숙사 측에서 그 사실을 알게 되면서 가브리엘에게 근신명령을 내렸다. 그리고 나서 가브리엘이 수업과 과제를 종종 빼먹는데다 노숙자를 기숙사에 데려오려고 했다는 것이 드러나게 된다. 11월 말쯤에는 가브리엘이 더 이상 학교를 다닐 수 없다는 사실이 분명해졌고, 우리는 겨울에 가브리엘을 집으로 데려와 1993년 봄까지 함께 지냈다. 나는 겨울 동안 캘리포니아 공과대학에 3개월 연구교수로 가기로 되어 있었고, 아내도 합류했다. 가브리엘은 또다시 집에 혼자 남게 되었다. 가브리엘은 시카고에 살고 있던 크리켓의 어머니 집으로 다시 전화를 하기 시작했다. 크리켓의 마음을 얻으려면 어머니를 통해야만 한다는 지론에 의한 것이었다. 하지만 가브리엘은 다시 서점에서 일하게 되었고 마침내 우리는 정신과 의사에게 진료를 받아보도록 그를 설득할 수 있었다.

치유가 되는 풍경

가브리엘은 어떤 의사든 의사를 만나는 것 자체를 극렬히 거부했다. 의사들에게 협조하기를 아예 거부해버리거나, 아니면 의사에게 자신의 "진짜 문제"(자신이 크리켓과 재결합하는 것을 도와주지 않는 가족과 친구들)가 무엇인지 장광설을 늘어놓거나 하는 식이었다. 하지만 어린 시절부터 가브리엘과 친하게 지낸 친구가 실력이 좋은 의사 L을 만나보기를 권하자, 가브리엘은 우리가 캘리포니아로 떠나 있는 동안 일주일에 두 번씩 치료를 받기로 했다. 아내와 내가 3월에 집으로 돌아왔을 때 의사는 아들과 함께 내원할 것을 우리에게 요청했다. 가브리엘과 상담한 지 한 시간이 지나자 의사는 나도 들어오라고 했다. "자, 가브리엘, 네가 나한테 계속 이야기해왔던 걸 이제 아버지께 직접 말씀드리렴."

"대체 아빠가 나를 왜 여기로 데려왔는지 모르겠어요. 나한테는 아무것도 잘못된 게 없다고요. 나는 엄마와 아빠가 가둔 감옥에서 탈출하려는 거예요. 그런데 이제는 여기 이 의사인 척하는 사람한테 나를 데려오다니요. 이 사람은 분명히 나중에 나한테 불리하게 써먹으려고 이 대화를 녹화하고 있을 걸요." 이렇게 당당하게 피해망상을 늘어놓는 가브리엘의 모습에 나는 숨이 막혔다. 말도 나오지 않았다. 몸에서 피가 다 빠져나가는 것 같았다. 나는 흐느끼기 시작했다. 의사는 내게 티슈 박스를 건네주었다. 이 사람은 일주일에 대체 얼마나 많은 티슈를 쓸까? 이곳에서 사람들은 얼마나 많은 눈물을 흘릴까? 우리는 여기에 왜 있을까? 지금 이 순간이 진짜 현실일까? "가브리엘." 의사가 말했다. "아버지가 얼마나 속상한지 모르겠니? 넌 정말로 아버지가 널 가두려고 했다고 생각하니? 정말 여기 어딘가에 카메라가 숨겨져 있다고 생각해?" 가브리엘은 천장에 달린 조명을 가리키면서 "아마 저기 숨겨져 있겠죠." 하고 말했다. "이 모든 건 내 자유를 빼앗으려는 설정일 뿐이고요."

의사는 가브리엘에게 밖에서 잠시 기다리라고 하고 내게 말했다. "솔직히 말씀드리죠." 그가 말을 이어갔다. "아드님은 '사고思考 장애'를 겪고 있습니다. 피해망상증이 있고 소위 '참조틀'이라고 부르는 걸 가지고 있죠. 이 세상 모든 것이 자신을 향한 모종의 신호라고 생각하는 겁니다. 아드님은 분노로 가득 차 있어서 스스로나 타인을 해칠 실제적 위험을 가지고 있습니다. 제 예상으로는 감옥에 가거나 병원에 입원하게 될 것 같습니다. 오랜 시간 치료를 받아야 하고 적절하게 투약을 받아야 할 겁니다." "이제 우리가 어떻게 하면 되죠?" 나는 물었다. "절대 감옥이 아니라 병원으로 갈 수 있게 하셔야 합니다. 조만간에 심각하게 악화될 텐데 그때를 대비해서 안전망을 구축해두세요."

하지만 상황은 그렇게까지 빠르게 악화되지는 않았다. 가브리엘은 서점에서 일을 하는 일상생활에 정착했고, 예술치료를 받기 시작했다. 그 치료는 가브리엘의 기분을 괜찮게 만들어주지는 못했지만, 그가 놀라운 즉흥적 스케치들을 계속해서 그릴 수 있게 해주었다. 가브리엘은 마치 새로운 문자체계를 발명하는 것처럼 새로운 글씨들을 그려나갔다. 가브리엘의 분노는 대부분 엄마인 재니스를 향하고 있었다. 그 분노는 문을 쾅 닫거나 발로 차고 나서 바닥에 쓰러져 우는 것으로 표현되었다. 하지만 때로 가브리엘은 조증이 온 것처럼 장난을 치기도 했다. 머리에 쓰레기통을 뒤집어쓰고 부엌으로 들어온다든가, 정신없이 애정을 표현하는 두 마리 잡종견인 루시 그리고 C.C.와 장난을 치기도 했다. 우리 부부의 친구들이 프랑스에서 우리집을 방문해 일주일간 함께 지냈을 때 가브리엘은 모든 불행과 분노에서 갑자기 벗어나 대학 진학 전의 명석하고도 다정한 모습으로 돌아갔다. 하지만 그해 늦은 여름에 우리가 함께 보스턴으로 오랫동안 운전을 하고 갈 때 다시 뭔가가 그를 사로잡아버렸다. 그래서 그 더운 여름날 해변에서 절대 차에서 내리지 않으려고 하면서 재니스와 나에게 불같이 화를 냈다.

의사가 예견했던 그 상황 악화는 아직 가시화되지 않았다. 1993년 봄, 나는 프랑스 방문길에 가브리엘과 동행했다. 나는 그에게 최고의 치료는 아버지와 아들로 함께 즐거운 시간을 보내는 것이라 확신했었다. 나는 가브리엘과 함께 캠핑을 하고 영화관에 가고 함께 스포츠를 관람하고 같이 운동을 하면서 그의 우울을 없앨 수 있을 거라고 믿었다.

우리는 6월 초에 파리로 갔고, 하룻밤을 그곳에서 머물렀다. 뤽상부르 공원을 산책하면서 들라크루아와 마리 드 메디치와 같은 기념비에 새겨진 유명한 이름들을 보는 건 그에게 좋은 영향을 끼쳤던 것 같다. 가브리엘은 "아빠, 다음번에도 우리가 같이 파리에 오게 되면 짐 모리슨 무덤에도 찾아가서 시를 남겨놓거나 술을 한 병 올려놓고 오기로 약속해요." 하고 말했다. 도어스의 음악은 우리의 공통 DNA와도 같았다. 〈음악이 끝날 때〉라는 곡에서 나오는 가사는 특히 공감했다. "아버지, 당신을 죽이고 싶어요. 어머니, 당신을… 아아아아아…." 우리는 함께 어떤 신비로운 경험을 하고 있는 듯했다. 아니면 그 모든 기분은 그저 시차 때문이었을지도 모르겠다.

우리는 자크 데리다와 마르그리트 부부를 만나서 호텔 근처에서 저녁을 먹으며 함께 조용한 저녁시간을 보냈다. 가브리엘은 데리다에게 그의 유명한 개념인 "해체"에 대해 설명해 달라고 요청했다. "단어에는 아무런 의미가 없다고 생각하시는 게 사실인가요?" 가브리엘이 물었다. "아니, 내가 생각하는 건 그게 아니란다." 데리다가 대답했다. "신문에서나 그렇게들 이야기하는 거지. 나는 정확히 그 반대로 생각한단다. 단어는 의미가 너무 많은데, 해체는 그 의미층들을 드러내주는 거지." 가브리엘은 이 대답에 완전히 감격한 것처럼 보였다. "그럼 단어는 새 같은가요? 아니면 아예 쓰레기 같은 건가요?" 데리다는 미소를 지었다. "아마 둘 다일 수도 있겠지?" 그러자 가브리엘이 말했다. "제가 어릴 때 부모님한테 항상 '왜'냐고 물어서 부모님을 성가시게 했거든요. 부모님이 저한테 그만 좀 물어보라고 했을 때 저는 '왜 나는 항상 왜냐고 물어보죠?' 하고 또 물었어요." 데리다는 웃음을 터뜨리면서 말했다. "그게 바로 철학자들이 하는 일이란다."

가브리엘은 언어유희를 좋아했고, 언어유희의 거장인 로코 할아버지에게서 난센스의 예술을 배웠다. 백화점의 에스컬레이터는 위험한 포식자 파충류인 앨리게이터로 바뀌었고, 거기다 짐 모리슨의 〈라이드 더 스네이크〉라는 노래를 떠올리게 했다. 도시 이름도 마음대로 바꿔서, '뉴어크'Newark는 '얼간이'Nurk가 되고 '콜럼버스'는 '클럼프스'Clumps(덩어리)가 되는 식이었다. 우리는 주의 이름도 바꿔서 불렀다. "델라는 뭘 입었지?[Delaware를 Della Wear로 바꿈. —옮긴이]"라고 묻고는 "델라는 새로운 저지[New Jersey를 가리킴. —옮긴이]를 입었지."라고 대답했다. 산타클로스가 크리스마스에 "아하이아 주 클럼프스"에 오면 굴뚝으로 내려오면서 "호 히 호"라고 외칠 것이라고 했다. ABC 노래도 마음대로 바꾸어 불렀다. "ABCDEF--POOPIE!" 등등으로 말이다. 가브리엘이 부르기 좋아한 내 이름은 "아빠질라" 혹은 "아빠리엘" 같은 것들이었고, 엄마 재니스는 "마마시타" 혹은 "마미스"였다. 카먼은 "칼시스터" 혹은 "칼워민"으로 불렀고, 친구 알렉스는 "이상한 친구 박사"라고 불렀다.

가브리엘은 그해 봄에 이미 그 위대한 철학자를 우리집에서 만난 적이 있었기 때문에 데리다와 보내는 시간을 편안해했다. 그때 가브리엘은 데리다에게 몬티 파이톤의 만화 "철학자들의 축구시합"을 보여줬다. 그 만화는 고대팀(소크라테스, 아리스토텔레스, 플로티누스 등)과 현대팀(데카르트, 칸트, 헤겔, 마르크스, 니체)의 시합을 코믹하게 그렸다. 마르크스가 레드카드를 받고 니체는 게임에서 쫓겨나는 걸 보면서 데리다는 유쾌하게 웃었다. 데리다가 좀 진정되자 가브리엘은 그에게 "선생님은 어느 팀이세요?" 하고 중요한 질문을 했다. "물론 난 고대팀이지." 데리다가 대답했다. "그럼 해체가 고대 철학에 속한다는 뜻인가요?" "그렇단다." 데리다가 대답했다. "해체는 네가 결정할 수 있는 것이 아니야. 네가 좋아하든 아니든 일어나고 있는 것이란다." "그렇다면 그건 죽음 같은 건가요?" 가브리엘이 물었다. "아마도." 데리다가 대답했다. "아니면 빚 같은 거야. 분명히. 혹은 운이 좋다면 정의 실현일 수도 있고."

파리에서의 저녁식사가 무르익어가면서 마르그리트 데리다는 가브리엘에게서 이야기를 끌어내기 시작했다. 가브리엘은 예술가이자 영화감독이 되겠다는 꿈과 야망에 대해 이야기했다. 심리요법을 수련하고 있던 마르그리트는 가브리엘이 스파이크 리와 만나는 계획을 이야기하고 아카데미 시상식의 레드 카펫을 걷는 꿈을 이야기할 때 충분히 공감하면서 고개를 끄덕여주었다. 가브리엘은 우리집에 있는 영화들이 오스카 경쟁 부문에 오를 수 있게 모두 와이드스크린으로 만들고 있다고 설명했다. 우리가 호텔로 다시 걸어가고 있을 때 마르그리트는 내 팔을 잡았다. "아들에 대해서 이야기해줘요." "시차 때문에 좀 피곤한 것 같아요." 나는 조심스럽지만 거짓 없이 말했다. "가브리엘은 큰 야망을 가지고 있는데, 가끔은 그 야망이 자기보다 더 앞서가는 것 같네요." 가브리엘은 데리다와 팔짱을 끼고 신나게 이야기하면서 앞에서 걷고 있었다.

다음날 아침 우리는 니스에 도착했다. 그곳에서 나는 학회에 참석하기로 되어 있었다. 우리는 공항에서 학회가 열리는 대학으로 이동해서 환영회에 참석했다. 사람들과 섞여 있다가 정신을 차리고 보니 가브리엘이 보이지 않았다. 나는 그를 찾으러 다녔다. 가브리엘은 계단 아래에 고꾸라져 앉아 흐느끼고 있었다. 나는 그와 대화를 하려고 했지만 그는 격노하여 소리를 지르기 시작했다. 내가 그를 잡으려 하자 그는 나를 밀쳤다. "여기 있는 사람들 모두가 뭐가 문제인지를 알아야 해요!" 그가 말했다. 무엇이 그를 화나게 하는지를 나는 완벽하게 이해해줘야 했다. 그게 무엇이 되었든 그건 내 잘못이었다.

가브리엘이 마침내 진정되자 나는 학회 주최자에게로 가서 아들이 컨디션이 좋지 않아 빨리 호텔에 체크인을 해야 할 것 같다고 말했다. 하지만 우리가 도착해보니 그곳은 학회장에서 30분 정도 떨어진 도심의 낡은 호텔이었다. 나는 첫 비행기로 시카고로 돌아가야 할 수도 있겠다고 마음의 준비를 했다. 우리는 환영식으로 되돌아갔고, 아들을 혼자 둘 수 없어서 학회가 열리는 장소 가까이에 머물러야 할 것 같다고 설명했다. 그러자 그들은 흔쾌히 동의했다. 우리는 지중해가 내려다보이는 절벽 위에 자리 잡고 있는 푸앙트 뒤 가통의 19세기 수도원으로 안내를 받았다. 천장이 높고 아무런 장식이 없는 소박한 게스트 룸이었다. 방은 어두웠고, 방 한쪽 끝 창살을 뚫고 은빛 햇살이 내

｜그림 5｜ 니스의 푸앙트 뒤 가통 창가에 서 있는 가브리엘(1993년 6월). 저자 소장사진.

리비치고 있었다. 가브리엘은 창문으로 가서 창살을 열어젖히고는 숨이 멎은 듯 서 있었다. 바다가 펼쳐져 있고 절벽 아래 바위에 파도가 부서지는 것도 내려다보였다. 나는 가브리엘이 셔츠를 벗고 창가에 서서 밖을 바라보고 있는 사진을 찍었다. "아빠." 가브리엘이 말했다. "이제 기분이 훨씬 낫네요."

우리는 그곳에서의 나머지 시간 동안 너무나 신나고 행복했다. 우리는 스노클링 장비를 챙겨서 절벽에 나 있는 계단으로 내려가 따뜻하고 맑은 바닷물로 뛰어들었다. 우리와 얼마 떨어지지 않은 곳에서 어느 젊은 프랑스 여성이 윗옷을 걸치지도 않고 샤워를 하고 있었는데, 우리는 못 본 척하면서 은밀하게 미소를 주고받으면서 일광욕을 했다. 선글라스가 발명된 건 아마도 이런 필요성 때문이었을 거라고 우리는 이야기했다.

학회 일정은 맛있는 해산물 요리와 와인, 그리고 따뜻한 햇볕과 함께였다. 마지막 날 우리는 차를 빌려서 해안도로를 달리면서 제임스 본드 영화의 주제가를 부르기도 했고, 제임스 본드가 범죄 두목을 쫓고 있는 장면을 상상하면서 구불구불한 해안도로의 커브를 돌기도 했다. 우리는 학회에서 만난 30대 여성과 함께 드라이브를 했다. 가브리엘은 그녀의 작업과 개인사에 관한 이야기를 나눴고, 위대한 영화감독이 되겠다는 자신의 꿈을 이야기하기도 했다. 그녀는 가브리엘을 열정적으로 응원해주었다. 가브리엘은 그녀와 사랑에 빠져 결혼해달라고 고백했다. 그녀는 가브리엘이 얼마나 매력적인 사람인지, 가브리엘과 사랑을 나눌 여자는 얼마나 행운인지 모른다고 하면서, 하지만 자신은 이미 결혼을 약속한 사람이 있다고 했다. 그날 저녁에 가브리엘은 그녀가 자신의 청혼을 심각하게 생각하지 않는 것 같다고 불평했다.

프랑스 여행 이후로 나는 가브리엘에게 최고의 치료는 아름답고 활기찬 풍경과 같은 단순한 것이 아닐까 생각하기 시작했다. 아마도 가브리엘에게는 그저 치유가 되는 풍경이 필요할 뿐인지도 몰랐다. 가브리엘이 9살 때 우리는 뉴멕시코로 여행을 갔었다. 우리는 여러 국립공원(메사 베르데, 반델리어, 캐니언 드 셰이)에서 캠핑을 하면서, 사라진 고대 푸에블로 인디언들의 이야기에 푹 빠졌다. 여행이 끝날 즈음 가브리엘과 카먼은 그곳이 너무 좋아서 집으로 돌아가지 않고 그 절벽 거주자들의 유적에서 계속 살겠다고 우리에게 통보했었다. 풍경을 바꿔주는 것, 갈수록 해로워지는 것만 같은 가정환경에서 벗어나게 해주는 것이 해결책이 될 수 있을까? 1994년의 그 끔찍했던 여름에 (그때 재니스는 유방암 판정을 받았었고 내 누이는 뇌암으로 사망했다) 가브리엘의 정신이 급속히 나빠지고 있다는 것이 명확해졌다. 우리는 가브리엘이 십 대 조카들인 저스틴과 마이클, 트래비스와 지내도록 뉴저지로 보냈다. 가브리엘은 이 아이들을 아기 때부터 보아왔고, 늘 큰 형의 역할을 충실히 수행했었다. 가브리엘은 아이들과 함께 뉴저지 해변을 탐사하기도 하고, 바에갓만에서 게를 잡기도 하며, 트램펄린에서 공중돌기를 하기도 했다. 자상한 패티 이모와 미찌 이모부의 티 안 나는 감시를 받으며 가브리엘은 그곳에서 한 달을 머물렀다. 그해 여름이 끝날 때 입원을 했으니 그에게는 마지막으로 행복했던 기억이었을 것이다. 어린 조카들은 가브리엘을 좋아했을 뿐만 아니라 우러러보기까지 했다. 그들에게 가브리엘은 자기들과 잘 놀아주는 스물한 살의 큰 어른이었던 것이다. 몇 년이 지나 가브리엘과 보냈던 시간을 회상하면서 아이들은 그때가 자신들이 보낸 최고의 여름이었다고 말했다. 가브리엘 사촌형은 "조금은 특이했지만" 오히려 그런 점 때문에 더 즐거웠다고 했다.

가브리엘은 아이들과 시간을 잘 보냈다. 아이들과 눈높이를 맞춰서 떠들썩하게 놀아줄 줄 알았기 때문이다. 하지만 이런 면은 가브리엘이 아이들과 적당한 거리를 유지하지 못하는 순간이 오면 문제가 되기도 했다. 어느 날 친척들이 모인 자리에서 가브리엘은 어린 조카들과 시끄럽게 놀고 있었다. 조카들은 모두 가브리엘에게 올라타기 시작했고, 웃음소리는 갑자기 울음소리로 돌변했다. 가브리엘이 아이들에게 몹시 화가 났기 때문이다. 그리고 분노를 주체할 수 없어 했다. 그러고 나서 가브리엘은 나한테도 몹시 화가 나 있었다. 왜냐하면 내가 가브리엘의 편을 들어주지 않았기 때문이다. 나는 가브리엘에게 놀이가 너무 거칠어지면 스스로를 보호하는 차원에서 아이들에게 어른의 특권으로 단호하게 대하는 것이 중요하다고 이야기했다. "아빠는 내 아빠잖아요." 가브리엘이 말했다. "나는 아빠가 내 편을 들어줄 걸 기대했다고요."

우리는 바로 우리 가족의 상황이 가브리엘에게 해로운 것이 아닐까 하고 생각하기 시작했다. 카먼은 시애틀로 떠나버리고 없었기 때문에 가브리엘은 우리에게 외아들이나 다름없었던 것이다. 게다가 아주 불확실한 미래를 가진 자식이었다. 그래서 우리는 가브리엘과 우리의 일상적 관계의 역학에 대해 고민해줄 가족상담가를 찾아가기로 결정했다. 우리는 B라는 의사에게 찾아갔다. 다양한 인종들이 섞여서 살아가고 있으며 리버럴하고 부유한 교수와 전문직 가정이 흔한 하이드 파크라는 동네에서 다년간 일해온 그는 그 경험을 바탕으로 어느 정도는 안심이 되는 이야기를 우리에게 해주었다. 아드님은 경증 우울증을 앓고 있는 조숙한 스무 살 청년입니다. 아드님은 부모님을 시험하고 있을 뿐이에요. 그 의사는 우리가 가브리엘을 엄격하게 사랑해주어야 하며, 경계를 확실히 설정해야 한다고 말했다. "이건 그저 기 싸움에 불과합니다." 그는 강조했다. 그래서 우리는 가브리엘이 우리에게 주는 굴욕을 감수하지 않기로 결심했다. 우리는 가브리엘이 일자리를 얻고, 불완전하게 끝낸 수업을 완결하고, 술과 마약을 끊는다면 다시 뉴욕 대학교로 돌려보내주겠다고 약속하는 계약서를 썼다. 놀랍게도 가브리엘은 그 약속을 모두 지켜냈고, 그래서 우리는 1994년 겨울에 그를 다시 뉴욕 대학교에 돌려보낼 계획을 짜기 시작했다.

우리는 가브리엘을 어서 빨리 집에서 나오게 해서 학교로 복귀시키기를 간절히 원했기 때문에 그의 불안한 행동들을 가볍게 여겼다. 가브리엘은 자기 방부터 시작해서 우리집 전체를 리모델링하기 시작했다. 자신의 방에 있던 서랍장 앞면을 제거하고 경첩을 다시 붙였다. 지하실에 버려져 있던 낡은 나무 덧문들을 모아서 난로를 감싸기 시작했다. 문을 쾅쾅 여닫고 발로 문을 차는 행위가 다시 늘어났다. 정말로 벽을 뚫고 집을 뛰쳐나가려는 게 아닌가 싶을 정도였다. 학교로 돌아간다는 기대감을 생각해보면 당연한 듯 싶기도 했다. 우리는 복학이 그에게 진정한 돌파구가 되어주길 바랐다.

뿐만 아니라 우리는 대화를 녹음하는 형식으로 가족 간의 치료를 시도해보기도 했다. 가브리엘이 심리적으로 동요했던 순간에 녹음하고 차분해졌을 때 다시 들어보면서 무엇이 문제였는지 되돌아볼 수 있게 하자는 아이디어에서였다. 친구들과 가족들에 대한 가브리엘의 피해망상증은 갈수록 심해지고 있었기 때문에, 화를 참는 법을 배우지 못한다면 가브리엘 곁에는 어떤 친구도 남아 있지 않게 될까 봐 걱정스러웠다. 나는 대화를 녹음하고 있다고 가브리엘에게 이야기해주었다. 처음에 가브리엘은 우리가 자신을 얼마나 부당하게 대우하고 있는지를 녹음을 들어보면 확실하게 알 수 있을 거라고 했다. 하지만 동시에 가브리엘은 우리가 자신을 불리하게 만들려고 녹음을 한다며 비난을 퍼부었다.

크리스마스가 지나고 며칠 후에 가브리엘은 일종의 히스테리를 경험했다. 벌벌 떨고 신음하면서 침대에 누워 온몸이 마비되어 걸을 수가 없다고 했다. 그리고 두 눈이 멀어버린 것 같다고 호소했다. 재니스가 열을 재려고 다가가자 가브리엘은 흥분해서 자기를 내버려두라고 말했다. 결국 우리는 앰뷸런스를 불러서 가브리엘을 응급실로 데려가야 했다. 가브리엘이 발작에서 회복되고 나자, 의사는 그가 중증 독감 증상을 앓고 있을 수도 있다고 말했다. 가브리엘이 복학을 해도 될지가 의심스러워졌다. 그래서 며칠 후 우리는 이 문제에 대해 녹음을 하면서 대화하기로 결정했다. 저녁을 먹은 후 나는 녹음기를 켜고 가브리엘에게 복학 서류에 대해 대학 행정과에 문의해봤는지 물었다. 녹음기가 돌아가고 있다는 사실에 이미 기분이 상한 가브리엘은 결국 분노로 폭발했다. "세 번이나 전화했는데 연결이 안 되더라고요. 왜 자꾸 이 문제로 절 못살게 구는 거예요? 그 사람들 찾아가서 뭐 병이라도 걸렸나 알아보기라도 하라는 거예요?" 나는 평정심을 유지하려 애썼다. "뉴욕 대학교로 복학하는 문제에 대해 진지하게 생각해봐야 할 때가 아닐까?" "진지하게 생각하고 있어요." 가브리엘의 목소리는 분노로 격앙되어, 말을 할 때마다 점점 더 커지고 있었다. "이 집에서 뭔가를 생각하고 그걸 한다는 게 정말 문제란 말이에요." 그러더니 가브리엘은 병원에 갔던 일로 화제를 전환했다. "아빠가 나를 아무런 이유도 없이 병원으로 끌고 갔기 때문에" 내가 자신을 "아무런 격식에 따르지도 않고" 모욕했다고 했다. (가브리엘은 단어 선택에 있어서 말문이 막히는 적이 없었다.) "전 강제로 앰뷸런스에 실려 갔다고요." "아빠는 여전히 자신의 행동에 대해 그 어떤 후회도 안 하시는군요." 가브리엘은 자신에게 마비증상이 왔을 때 열을 재보려고 했던 재니스의 행동을 자율성에 대한 심각한 침해라고 주장했다. "의식이 있는 사람이라면 열을 재는 것 정도는 누구든 혼자서 할 수 있는 거예요."

그러고 나서 가브리엘은 계속해서 되풀이되는 테마를 꺼냈다. "날 그저 불행하게 만들고 싶어 할 거면 대체 왜 이 세상에 태어나게 한 거예요? 무너뜨리려고 모래성을 쌓는 건 아니잖아요. 그런데 대체 왜 아들을 낳고는 바로 비참하게 만드는 거예요?" 재니스는 우리가 그를 복학시키려고 계획하고 있다는 사실을 상기시켰다. 그것이 그를 행복하게 만들 것이라고 했다. 게다가 가브리엘은 복학을 위한 약속도 모두 이행하지 않았던가. 가브리엘은 대답했다. "그 계약이라는 건 저한테는 불쏘시개 거리도 안 돼요. 학교가 답이 아니에요. 학교는 의미가 없다고요. 학교에는 미래가 없어요." "하지만 넌 돌아가고 싶다고 했잖니." 내가 말했다. "돌아가고 싶죠. 난 항상 돌아가길 원했어요. 하지만 내가 원하는 것과 실제로 일어날 일은 완전히 다른 거죠. 나는 아빠도 사라졌으면 좋겠어요. 그건 어떻게 생각하세요?" "넌 우리를 떠나도 된다. 알잖니. 그 누구도 널 막지 않아." 재니스가 이렇게 말하자 가브리엘은 한참 동안 말이 없었다. 내가 침묵을 깨고, 가브리엘이 정말로 복학하려는 생각이 있는지가 불분명해 보인다고 말했다. 그러자 가브리엘이 대답했다. "글쎄요. 나도 분명한 게 없어요. 아빠는 어떻게 그렇게 모든 것에 대해 불분명하죠?" 나는 말했다. "네가 말하는 걸 듣고 있다 보면 도대체 무슨 이야기를 하는지 모르겠구나." 그가 말했다. "아빠는 내가 주장하는 모든 것에 대해 즉각적인 비판적 관점을 갖고 계신 것 같네요. 내가 앞으로 나가려고 할 때마다 집요하게 손으로 내 눈을 가리고 있다고요." 그러고 나서 가브리엘은 재니스가 매번 자신에게 상처를 준다고 비난했다. 재니스도 가브리엘이 얼마나 자신에게 못되게 굴고 상처를 주는지 모른다고 대답하자 그는 급기야 소리를 지르기 시작했다. "엄마는 도대체 아무 감정이 없어요! 이딴 식으로 날 대할 거면 왜 낳은 거예요? 엄마는 '못됐다'는 말의 뜻이나 제대로 알아요? 엄마는 자기를 엄마라고 부르면서 스스로를 폄하하고 있잖아요. 엄마가 또 다른 아이를 원했다면 그런 욕망의 필수요소를 충족시키고 있다는 의미여야 해요."

그런 다음 가브리엘은 "그런 욕망의 필수요소"라는 것이 무엇인지에 대해 명확하게 설명했다. 그건 크리켓을 향한 강박적인 짝사랑이었다. 그 짝사랑은 어느덧 절정으로 치닫고 있었다. 가브리엘은 크리켓이 그녀의 어머니에게 인질로 잡혀 있다고 확신했다. "그분은 크리켓이 수녀가 되길 원하시거든요." 혹은 가브리엘이 크리켓에게 사랑을 표현하려고 할 때마다 무례하게 끼어드는 "완전히 모르는 사람들"에게 잡혀 있다고 했다. 아니면 가브리엘을 붙잡고 스토킹으로 고발하겠다고 위협했던 "변호사인 척하는 남자"에게 크리켓이 잡혀 있다고도 했다. (이건 가브리엘의 상상의 산물인 것만은 아닐 것이다.) 가브리엘에게 최악의 박해자는 아버지인 나와 어머니인 재니스였다. 우리는 가브리엘이 크리켓을 만나는 걸 막고 있고, 둘 사이의 엇갈린 사랑을 이어주는 역할을 제대로 하지 못하고 있다고 했다.

나는 가브리엘이 죽은 후 몇 년간 이 녹음기를 도저히 틀 수 없었다. 비난의 레토릭으로 망상과 강박관념을 쏟아내고 있는 이 녹음된 대화를 듣기가 참으로 힘들었다. 죄책감을 가진 자유주의자이자 러시아계 유태인이며 아일랜드계 가톨릭인 재니스와 나는 자신이 해야 할 것을 충분히 하지 않았다고 스스로를 비난하는 데 아주 능하다. 가브리엘은 우리의 이런 나약함을 너무나 잘 알고 있었다. "당신들은… 내가 크리켓에게 가는 걸 막고 있는 사람들이에요. 누군가가 크리켓의 마음을 더럽혀서 나를 싫어하게 만들었어요. 내가 스토커이고 강간범이라고 말이에요. 나는 왜 내가 사랑하는 사람과 떨어져 있어야 하는 거죠?"

가브리엘의 어린 영혼 속에 존재하는 모든 낭만적 이상주의는 이 젊은 여성에 대한 집착으로 돌변해버렸다. 하지만 이 아가씨는 자신의 이미지가 가브리엘의 삶을 어떻게 지배해버렸는지에 대해 전혀 알지 못하는 것 같았다. 가브리엘은 둘의 관계를 신화적 사랑처럼 수채화로 그렸다. 마치 지상에 존재하는 마지막 연인들인 것 같기도 하고, 천년의 홍수 이후 해방된 인류를 낳을 새로운 아담과 이브 같기도 하다. 둘은 거대한 자줏빛 파도 위에 차분하게 서 있다. 이 파도는 해변에서부터 시작되어 푸른 바다의 심연을 향하고 있는 것 같다. 이 그림은 차분한 확신성과 임박한 재앙에 대한 불안감을 적절하게 포착하고 있다. 이는 또한 크리켓에 대한 가브리엘의 감정의 특징이기도 했다.

|그림 6| 가브리엘 미첼, ‹파도 위에 서 있는 가브리엘과 크리켓›(1998년경). 수채화.

가브리엘이 크리켓을 어떻게 이상화했는지 가장 세부적으로 보여주는 것은 이 그림이 그려진 때와 거의 비슷한 시기에 썼던 ‹미국의 몽상가들›이라는 영화 대본이다. 재니스와 나와

대화하면서 가브리엘은 이 부분을 썼다. 여기에서 그는 크리켓이 자신의 인생 계획에 얼마나 맞아떨어지는 인물인지를 설명하고 있다.

'나는 뭐든지 할 수 있을 것만 같다. 내가 만약 노숙자가 되려고 한다면, 나는 아마도 이 세상에 존재했던 가장 위대한 노숙자가 될 것이다. 내가 신앙을 가지려 한다면 나는 성인聖人이 될 것이다. 내가 사업을 하려고 한다면 나는 이 세상에 존재했던 가장 부유한 사람이 될 것이다. 나는 내가 지향하는 것은 무엇이든 될 수 있다. 나는 나 스스로도 완전히 이해하지 못하는 능력을 가지고 있다. 나는 지금 아주 좋은 에너지를 가지고 있어서 산책하러 나가고 싶고, 그 무엇에도 멈추지 않을 것이다. 이 우주 전체는 나의 굴oyster인 것 같고, 그 우주 속에서 모든 우주적 힘을 가지고도 나는 그저 크리켓과 함께 있고 싶을 뿐이다. 크리켓은 아름답고 신비롭다. 나는 크리켓의 복잡함을 발견하고 싶고, 그녀의 난해함을 설명하고 싶고, 지금까지 내가 던져왔던 모든 질문에 대한 대답이 바로 크리켓인 것만 같이 느껴진다. 나는 삶의 의미를 발견했다.'

그래서 우리는 크리켓의 이름만 나와도 가브리엘이 다시 망상으로 빠지는 확실한 신호라는 것을, 두렵게도 잘 알게 되었다. 내가 젊은 시절에 사랑을 잃은 상황을 어떻게 대처했는지에 대해 아무리 현명하게 아버지로서 조언을 해줘도, 크리켓이 은밀히 자신을 원하고 있다는 가브리엘의 확신을 흔들 수 없었다. 이보다 더 심각한 것은, 크리켓이 자신의 삶을 파괴하려고 일부러 자신을 격려하는 듯한 신호를 보내면서 자신을 놀리고 있다는 가브리엘의 생각이었다. 크리켓은 가브리엘에게 이상적인 천사인 동시에 팜 파탈이었고, 이러한 양면적인 모습은 나중에 쓴 대본에서 중심 주제가 되었다. 그 대본을 보면 크리켓은 가브리엘이 좋아했던 영화인 ‹바닐라 스카이›에서 톰 크루즈를 악마적으로 괴롭히는 카메론 디아즈의 모습으로 대체되어 있다. 가브리엘이 자신의 불행에 대한 정당한 설명으로 인정했던 유일한 서사는 신체적 트라우마라는 서사였다. 자신이 갱단과 싸울 때 친구가 자신의 머리를 때려서 뇌진탕이 왔었다는 이야기였다. 이 이야기는 나중에 다시 나올 것이다.

피해망상에 사로잡힌 자녀와 이야기하는 것은 정말이지 참으로 힘든 일이다. 우리는 갑작스러운 논리적 비약(당신은 나에게 생명을 주었으니 내 행복에도 책임을 져야 한다), 정의에의 호소(그 누구도 내가 사랑하는 여자를 나에게서 빼앗을 권리가 없다), 트리거가 되는 단어들(사랑, 현실, 숭고함 등등 그 어떤 단어도 방아쇠를 당길 수 있었다)을 예상할 줄 알아야 했다. 대화는 때로 뜬금없이 웃음을 터뜨리는 것으로 끝나기도 했다. 언젠가는 재니스가 가브리엘의 장광설을 듣느라 한 시간을 보냈다가 지쳐서 대화에서 물러나려고 하자, 가브리엘은 더욱 더 가혹해져서 자신과 이야기하려 하지 않는다고 재니스에게 비난을 퍼부었다. 나는 "이제 내가 교대해도 될까?" 하고 끼어들면서 말했다. 그러자 가브리엘은 웃음을 터뜨렸다. 하지만 곧 웃음이 잦아들면서 다시 신랄하게 변했다. "그러니까, 내가 무슨 고된 노역이나 된다는 거네요. 그죠? 아빠는 나를 만들어놓고 이제 자기가 만든 엉망진창인 나한테 집착하고 계시네요."

이런 대화 아닌 대화들의 일반적 행로는 결국 상처를 주는 언어폭력이었다. 중간중간에 우스꽝스러움을 공유하는 빛나는 순간들이 잠깐 있기는 했다. 가브리엘의 눈에 우리는 자식을 방치하고 사람들을 속이는 실패자들이었고, 그와 동시에 자신을 구원할 수 있는 유일한 사람들로 미화되기도 했다. 바로 이 점이 우리의 실패였다. 이 페이지들에서 내가 잊어버리려고 노력했던 것도 바로 그 기나긴 고통스러운 경험이다. 나는 이 녹음 테이프를 다시 들으면서 재니스와 내가 얼마나 차분했는지를 깨닫고 놀란다. 우리는 그의 말을 주의 깊게 들으려고 했고, 최대한 직접적이고 진실하게 대응하려고 했으며, 그의 모욕과 음담패설을 무시하려고 했고, 그러면서도 그를 최대한 현재의 순간으로 데려오려고 했다. 그리고 그를 치료받도록 이끌려고 노력했다.

"내 머릿속에 뭔가 있어요"

약속은 약속이었다. 이 모든 이상신호들에도 불구하고 우리는 가브리엘이 1994년 겨울에 뉴욕 대학교로 돌아갈 수 있도록 준비해주었다. 그래도 안심되는 건, 가브리엘이 뉴욕대 기숙사가 아니라 브루클린에 있는 우리의 오랜 친구 플로렌스 테이거의 집에서 지내기로 했다는 사실이다. 플로렌스는 가브리엘이 아기 때부터 가까이 지내왔다. 재니스에겐 자매 같고 나에겐 누나 같으며 우리 아이들에겐 "플로 이모"라고 불릴 만큼 친했던 플로렌스는 오하이오 대학교에서 혁명을 일으켰던 우리 뉴욕대 학회의 공모자들 중 하나였다. 그리고 나서 그녀는 브루클린에 있는 메드가 에버스 대학으로 교육학을 가르치러 떠났었다. 플로렌스는 휴일이면 우리에게 놀러 와서 함께 시간을 보냈기 때문에 가브리엘의 유년기는 플로렌스에 대한 추억으로 가득했다.

그녀는 우리에게 "대가족의 일원"과도 같은 존재였다. '대가족'
이란 가브리엘에게는 무척이나 필요한 것이었다. 우리 '핵'가족
은 그에게 딱 '핵폭탄' 같았기 때문이다. 뉴욕대에서 정신적으
로 불안정한 시간을 보내는 것보다 플로렌스의 집에서 지내는
것이 가브리엘에게 훨씬 더 안전할 것이라고 우리는 위안했다.
플로렌스의 집에 있으면 워싱턴 광장에서 노숙자들과 어울리거
나 마약을 하거나 크리켓을 쫓아다니며 괴롭히는 것도 못하게
될 것이다. 하지만 이 모든 생각들은 그저 우리의 착각일 뿐이었
다. 가브리엘의 상태는 급격히 나빠졌다. 급기야 가브리엘은 크
리켓을 스토킹해서 고소를 당했고, 플로렌스 주위에서도 이상
한 행동을 일삼기 시작했다. 침대 옆에 야구방망이를 두고 잔다
거나, 플로렌스의 여성독서모임 회합을 엿듣는다거나 하는 식이
었다. 몇 주가 지나자 플로렌스는 내게 전화를 걸어와 가브리엘
때문에 신변의 위협을 느낀다고 말했다. 당시 플로렌스는 어머
니가 돌아가신 지 얼마 되지 않아 슬픔에 잠겨 있기도 해서, 갈
수록 함께 살기 힘들어지는 이 젊은 청년을 감당하기 어려웠다.
우리는 가족 바깥에서 증상을 숨길 줄 아는 가브리엘의 능력이
플로렌스의 집에서도 발휘될 것을 기대했지만, 가브리엘에게는
플로렌스의 집도 똑같은 핵 방사능으로 가득한 곳이었다.

　　나는 가브리엘에게 전화로 더 이상 플로렌스의 집에서 지
낼 수 없다고 말했다. 하지만 가브리엘은 다른 곳으로 이사 나
갈 생각이 없다고 했다. 가브리엘이 어디로 가든 우리에게는 근
심걱정이 될 것이었다. 나는 가브리엘에게 학교를 다시 휴학하
고 집으로 돌아오는 것이 낫겠다고 말했다. 가브리엘은 단칼에

거절했다. 내게는 선택의 여지가 없었다. 나는 뉴욕으로 가는 첫 비행기를 타고 가브리엘을 데리러 갔다. 나는 온몸이 마비되어 아무런 감각이 없는 로봇처럼 걸어서 그곳에 도착했다. 내가 플로렌스의 아파트에 나타나자 가브리엘은 깜짝 놀랐다.

"여기 왜 왔어요?"

"널 다시 시카고로 데리고 가려고 왔단다." 내가 말했다.

"말도 안 되는 소리 하지 말아요. 내가 사는 곳은 여기고 아빠가 나를 여기서 내보낼 순 없어요."

"가브리엘." 나는 말했다. "여기는 플로렌스 이모의 아파트야. 그리고 플로렌스 이모는 이제 더 이상 너와 함께 살 수 없다고 하시는구나."

"그러면 이모더러 나가라고 해요." 가브리엘이 말했다. "나는 여기가 좋다고요. 이모는 그 급진적인 여성주의 모임 때문에 인생 완전히 조졌던데요. 모여서 기껏 하는 소리라고는 남자가 얼마나 끔찍한지에 대한 것밖에 없더라고요."

나는 가브리엘이 나를 따라오지 않는다면 경찰을 부를 수밖에 없다고 말했다. 이 말을 듣자마자 가브리엘은 뉴욕 역사상 최고의 폭설이라는 1994년 겨울의 폭설을 뚫고 아파트를 뛰쳐나갔다. 눈은 거의 어른 허리 높이까지 쌓여서, 인도는 비좁은 참호를 방불케 했다.

나는 가브리엘을 뒤쫓아 파크 슬로프 거리를 뛰었다. 절대로 그를 시야에서 놓치지 않겠다고 굳게 결심하고 쫓았다. 그랜드 아미 플라자 근처에서 가브리엘은 내가 아직도 뒤쫓아 오고 있는 걸 깨닫고는 분노와 경멸을 담아 나를 마주보았다. 나는 가브리엘과 마주보고 서서, 나를 응시하는 멍한 눈빛 너머에 있는 진짜 내 아들을 찾으려 애썼다. 가브리엘은 손을 뻗어 커다란 얼음덩어리를 집어서 머리 위로 들어올렸다. 어디에서 그런 생각이 들었는지는 모르겠지만, 나는 가브리엘이 그걸 나에게 던진다고 해도 두렵지 않았다. 나는 차분하게 말했다. "네가 나를 해치고 싶어 하지 않는 거 안다." 그건 운 좋은 일격이었다. 가브리엘은 머뭇거리더니 숨을 내쉬었다. 그의 눈에서 일순 빛이 반짝이더니 얼음을 바닥에 내려놓았다.

플로렌스의 아파트로 돌아가는 동안 우리는 아무 말도 없이 걸었다. 내가 팔을 두르려고 하자 가브리엘은 나를 밀쳤다. 아파트에 도착해서 공항으로 갈 택시를 부르려고 하자 가브리엘은 다시 한 번 떠나지 않겠다고 선언했다. 그는 나를 도발했다. "대체 뭐하자는 거예요? 날 택시로 끌고 가겠다고요?" 나는 할 수 없이 경찰에 전화해서 상황 설명을 하고 정신장애자를 전담하는 대원을 불러달라고 요청했다. 경찰이 도착하기를 기다리는 그 영겁의 시간 같은 10분 동안 우리를 둘러싼 공기는 전류가 흘러넘쳐 자칫 감전될 것만 같았다. 불꽃이 튀고 공기에서 맥박이 뛰는 것 같았다. 방이 갑자기 연극 무대처럼 조명으로 환해진 것 같았다. 유진 오닐 작품의 클라이맥스만 따로 떼어 공연하는 기분이었다. 우리의 모든 행동들은 마치 예전에 일어났던 적이 있는 사건이고, 우리는 그저 대본에 따라 배역을 연기하고 있는 것 같았다. 하지만 그와 동시에 나는 이제 무슨 일이 일어날지 전혀 예측할 수가 없었다.

가브리엘은 계속해서 내가 자신을 데려갈 권리가 없다고

주장하고 있었다. "경찰이 오면 아빠가 날 납치하려 했으니 아빠를 체포하라고 할 거예요. 난 이제 스무 살이에요. 나한테 이래라저래라 할 수 없다고요." 크고 건강한 체격의 경찰관 세 명이 도착했고, 그들은 내가 자신을 납치하려고 한다는 가브리엘의 주장에 그저 미소를 지었다. "좋아, 가브리엘. 네가 선택해. 우린 너를 택시에 태울 거고 아버지가 시카고로 널 데려가실 거야. 아니면 우리는 벨뷰 병원에 가서 네 상태를 체크해봐야 해. 어떻게 할 거니?"

우리는 결국 택시에 탔고, 얼마 지나지 않아 가브리엘이 울음을 터뜨렸다. "아빠, 아빠." 그가 나를 불렀다. "내 안에 뭔가 있어요. 내 머릿속에 뭔가 있어요. 그것들이 나한테 마구 소리를 질러대요. 나는 도저히 막을 수가 없어요." 나는 라과디아 공항으로 가는 내내 가브리엘을 팔로 안고 있었다. "그 목소리들이 너한테 뭐라고 말하는데?" 내가 물었다. "모르겠어요. 증오로 가득 찬 이야기를 해요. 사람들이 다 악마처럼 보여요." 우리는 공항에 도착해서 말없이 담배를 한 대 피운 다음 게이트로 달려갔다.

에너지의 측면에서 보면 인간의 뇌는 같은 부피의 태양보다 1평방 밀리미터 당 30배가 되는 에너지를 방출한다는 이야기를 들은 적이 있다. 이것이 내가 그날 느낀 에너지였을 것이다. 수년이 지나 조현병에 대한 가브리엘의 영화를 위해 자료조사를 하던 중 나는 그 유명한 다니엘 파울 슈레버의 『한 신경병자의 회상록』을 읽었다. 그의 생생한 환각에 대한 묘사와, 사방에서 신경으로 몰려드는 "말하는 광선"에 대한 서술을 읽으면서 나는 즉각 가브리엘을 데리러 갔던 그날을 떠올렸다. 그날 가브리엘의 병적인 신경 에너지는 우리 사이에 일종의 자기장을 만들어낸 것 같았다. 이것이 아마도 프로이트가 "전이"라는 개념으로 설명한 것 그대로일 것이다. 우리가 마치 보이지 않는 전선으로 연결된 것처럼, 가브리엘과 나의 병적인 관계가 위기에서 폭발해 실제 시공간 속에 펼쳐진 상태 같았다. 가브리엘이 택시에서 내게 안겨 있을 때 안도의 감정이 물밀듯 밀려왔다. 흡사 우리 사이를 가로막던 벽이 무너진 것처럼, 진실이 그의 의식 속으로 들어가서 우리의 영혼을 다시 연결한 것 같았다. 이 순간은 가브리엘이 대학에 입학하기 전에 우리가 느꼈던 유대감과 같았다.

1994년 여름에 가브리엘은 패티 이모와 미찌 삼촌, 조카들과 함께 시간을 보냈다. 지금 생각해보면 폭풍의 눈 같은 시간이었다고 할 수 있을 것 같다. 나는 스트레스가 도저히 감당할 수 없는 수준으로 밀려오는 것을 느꼈다. 재니스는 유방암 선고를 받고 치료를 시작했다. 가브리엘은 엄마의 고통을 공감하지도 않고, 오히려 엄마가 커피를 너무 많이 마셔서 그렇다고 비난했다. 나는 당시 논쟁이 활발하고 야망이 큰 영문학부의 학과장으로 일하느라 스트레스를 받아서 매일 저녁 식전에 마티니를 두 잔 마시고 식후에는 커피를 두 잔 마시고 있었다. 어느 순간부터 나에게 공황장애가 오기 시작했다. 최악의 상황은 재즈 공연에 참석했던 어느 날 저녁이었는데, 나는 갑자기 숨을 쉴 수가 없어서 콘서트가 진행되는 중간에 밖으로 비틀거리면서 걸어 나왔다. 심장마비가 온 것 같았다. 얼마 뒤에는 사랑하는 누나 캐틀린이 뇌암으로 투병하다가 시한부 선고를 받았다. 어린 시절에 어머니가 혼자되시면서 세 아이를 먹여 살리느라 일주일에 75달러를 받고 하루 종일 일하는 동안 캐틀린 누나가 나를 돌봐주었다. 캐틀린 누나는 나보다 여섯 살 많은 관대한 누나였다. (둘째 누나 메릴리는 엄격한 편이었다.) 캐틀린 누나는 나와 함께 나무집도 지어주고, 나를 자전거 바구니에 태워 카슨시티가 내려다보이는 언덕을 오르기도 했다. 가브리엘은 캐틀린 고모의 장례식에서 어떻게 처신해야 할지 몰라서 안절부절못하고 있었다. 마치 우리 가족이 해체되는 듯한 느낌을 받은 것 같았다. 나 또한 제대로 처신하지 못했다. 신부가 누나에 대해서는 거의 이야기를 하지 않고 교회의 영광을 찬양하는 데 누나의 장례식을 이용하는 것 같아서 격분했기 때문이다.

마침내 여름이 끝나고 오랫동안 예상했던 가브리엘의 발작이 시작되었다. 1994년 9월 어느 날, 가브리엘은 갑자기 분노가 폭발해서 의자를 발로 차고 우리에게 소리를 지르기 시작했다. 가브리엘은 위층으로 뛰어올라가 내 컴퓨터를 부수려고 했고, 내가 뒤쫓아 가자 7kg짜리 바벨을 들고 나에게 던지겠다고 위협했다. 나는 가브리엘을 가라앉히려 했지만 이번에는 그가 나를 해치지 않으리라는 확신이 없었다. 재니스는 우리에게 싸우지 말라고 소리를 치고 있었다. 의사 B가 우리에게 했던 "단호하게 대하라"는 충고는 남자들의 우스꽝스러운 레슬링 시합에 불과한 꼴이 되어버렸다. 나는 좌절감이 밀려오는 걸 느꼈다. 차라리 가브리엘이 군대에 가겠다고 했을 때 보내줄 걸 하는 바보 같은 생각도 머리를 스쳤다. 거기선 무서운 교관이 가브리엘을 바로잡아 줬을지도 모른다. "경찰을 불러야겠어." 재니스가 말했다. 하지만 재니스가 전화기를 들자마자 가브리엘이 전화기를 빼앗아서 전선을 벽에서 뜯어내 버렸다. 재니스는 나에게 가브리엘을 진정시키고 있을 테니 이웃집에 가서 경찰에 전화를 하라고 했다. 나는 경찰에 전화해서 아들이 정신병 발작을 일으키고 있으니 병원에 데려가야 한다고 말했다. 내가 집으로 돌아오자 놀랍게도 가브리엘은 부엌에서 재니스와 차를 마시면서 조용히 앉아 있었다. 그리고 경찰이 왔는데도 놀라거나 화내지도 않았다. 가브리엘은 마이클 리스 병원으로 가는 것에 동의했고, 그곳의 폐쇄병동에 입원했다.

약물치료에 대한 격렬한 논쟁도 이어졌다. 사실 정말로 아픈 건 가브리엘이 아니고 우리였던 것이다. 학대를 피해 격리되어야 할 사람도 가브리엘이 아니고 우리였다. 우리는 카먼에게 부탁해서 가브리엘이 약물치료를 받도록 설득하게 했다. 가브리엘은 한 가지 조건을 걸었다. 그가 주사를 맞을 때 재니스가 함께 있어야 한다는 것이었다. 가브리엘은 할로페리돌Haloperidol[폴 얀센 박사가 개발한 조현병 치료제. —옮긴이]이라는 강력한 항정신병 진정제를 맞고 나자 안정이 되었고, 그래서 우리는 약물치료를 계속하는 것에 대해 협상을 시작할 수 있었다. 가브리엘은 스물한 살이 되었기 때문에 법원의 명령이 없는 이상 강제로 투약할 수는 없었다. 우리가 법원에 가겠다고 하자 가브리엘은 마지못해 약물치료를 받겠다는 합의서에 서명했다. 2주가 지나서 가브리엘은 임시 수용시설로 옮겼다. 그곳은 대공황 이후 대피소로 사용되었던 로슨 YMCA 건물에 있는 출입제한구역이었다. 그리고 우리는 앞으로 가브리엘이 안전하게 머무를 수 있는 장소를 찾아보기 시작했다.

그리고, 느리고 길고 고통스러운 회복의 과정이 시작되었다. 18년이라는 시간 동안 가브리엘은 회복, 고립, 실패, 그리고 승리의 과정을 반복했다. 가브리엘은 조현병으로 다시 진단을 받았고, 할로페리돌 때문에 반쯤은 몽유병자처럼 걸으면서 퇴원했다. "아빠." 가브리엘이 나에게 말했다. "저 사람들은 나보고 사고思考 장애가 있다고 하는데요. 근데 나는 아무런 생각이 없거든요. 물속에 있는 것 같은 느낌이에요." 가브리엘은 두 번 다시 입원할 필요가 없었다. 조현병을 가진 사람들이 입원과 퇴원을 반복한다는 점을 생각하면 다소 특이하다고 할 수 있었다. '전국정신건강협회'라는, 우리에게 없어서는 안 될 멋진 모임에서 만난 새로운 친구들의 조언에 따라 가브리엘은 다시는 집으로 돌아오지 않았다. 우리뿐만 아니라 우리가 자문을 구했던 의사들 모두 가브리엘과 가족이 함께 사는 것은 좋지 않다고 말했다. 우리는 적당한 거리를 둔 관계를 구축해야만 했다. 가브리엘이 우리에게서 독립하면서도 여전히 사랑받는다고 느끼고 안전하다고 생각하게 하는 것이 목표였다. YMCA에서 머무는 시기를 거쳐 우리는 홈볼트 하우스에 집을 마련했다. 그곳은 정신장애인들을 도와주는 '트레시홀즈 에이전시'에서 운영하는 레지던스로, 24시간 상주하는 직원들이 투약을 비롯한 여러 서비스를 제공하고 감독하는 곳이었다.

우리는 루틴을 만들었다. 재니스와 나는 매일 가브리엘과 통화하고, 매주 시카고의 올드 타운에 있는 카페에서 재회했다. 그곳에서 가브리엘은 학생들과 부랑자들, 취직 안 한 옛 친구들과 어울렸다. 우리는 라스 피냐타스에서 멕시코 음식을 먹고 (엔칠리다, 칠레 렐레노, 라스 피냐타스 스페셜 요리가 우리의 변하지 않는 메뉴였다), 파이퍼스 앨리로 가서 영화를 보고, 다시 가브리엘을 훔볼트 공원으로 데려다주었다. 함께 봤던 영화 한 편이 유난히 기억난다. 쿠엔틴 타란티노의 〈펄프 픽션〉 개봉일에 우리는 함께 그 영화를 보고 가브리엘의 집으로 가고 있었다. 갑자기 가브리엘이 그 영화에서 사뮤엘 잭슨이 읊던 끔찍한 독백을 줄줄 외기 시작했다. 그 대사는 에제키엘서 25장 17절을 변형한 것이었다.

> 의인의 길은 사욕이 가득한 자들의 불공정과 사악한 자들의 폭정으로 사방이 막혔도다. 자선과 선의의 이름으로 약자를 암흑의 계곡에서 인도하는 자는 진정 복되도다. 그는 진실로 형제의 수호자이자 잃어버린 아이들의 구원자이도다. 나는 나의 형제들을 독살하고 파괴하려는 자들을 거대한 분노와 원한으로 내려치리라. 너희들은 나에게 보복을 당하고서야 내 이름이 야훼임을 알게 되리라.

가브리엘은 이 구절을 즐겨 암송했다. 곧 방금 본 영화(어디에서나 볼 수 있는 〈대부〉 삼부작 같은)나 혹은 암송하고 있는 대사("내 아버지는 이 방에서 많은 걸 가르치셨지. 친구들을 가까이 두고 적은 더 가까이 두라고 하셨지." "총은 놔 둬. 카놀리나 챙기고.")를 서로 주고받는 것이 영화를 본 다음에 우리가 즐겨하는 일이 되었다. 가브리엘은 집으로 자주 놀러왔고, 휴일이나 가족여행 때는 늘 우리와 함께했다.

    그래서 가브리엘은 노숙자들과 함께하고 싶다는 자신의 소
망을 어느 정도는 실현한 셈이 되었다. 가브리엘이 원하던 방
식도 아니고 우리가 두려워했던 방식도 아니었다. 가브리엘은
우리가 그를 "내쳤다"라고 여러 번 말했다. 하지만 그는 훔볼
트 하우스에서 정신장애와 중독의 공동체에 점점 적응하게 되
었다. 그리고 라틴계 갱단이 활보하는 시카고의 훔볼트 공원에
서 거의 살다시피 했다. "근사한" 동네는 정신적으로 아픈 사람
들을 받아들이고 싶어 하지 않는다. 가브리엘은 아랫집에서 코
카인 냄새가 자기 창문으로 들어온다고 생각했지만(사실이 아
니었다), 사실 자신의 집이 그가 피는 줄담배 냄새로 절어 있었
다. 가브리엘은 같은 층에 사는 어떤 여자가 자기 집에 와서 놀
자고 했다고 말했다. 그가 그녀의 집에 갔을 때(가브리엘의 표
현에 따르면) 그 여자는 여자 친구를 꼭 껴안고 포르노를 보면
서 같이 하자고 권했다고 한다. 정신장애를 가진 사람이 살기에
그다지 좋은 환경은 아님이 분명하다고 우리는 생각했다. 그래
서 다시 집으로 돌아와서 우리와 함께 살지 않겠냐고 자주 물었
다. 하지만 훔볼트 하우스에서 겪은 불쾌한 이야기들이 사실인
지 확인할 방법도 없었다. 마약과 술은 그곳에서 엄격하게 금지
되어 있었고, 위반 시에는 즉시 쫓겨나야 했기 때문이다. 우리는
또한 그가 이렇게 이야기하는 목적은 자신이 옳다는 걸 지지해
주지 않고 자신을 내쫓은 우리에게 죄책감을 느끼게 하려는 것
이라는 점도 감지했음은 물론이다.
    시카고의 올드 타운에 있는 커피숍은 훔볼트 하우스 바깥
에 있는 가브리엘의 피난처였다. 하지만 그곳은 또한 그에게 올

가미가 될 수도 있었다. 가브리엘은 사기꾼들의 쉬운 표적이었다. 그들은 가브리엘의 웅장한 판타지에 장단을 맞춰주었다. '의사선생'이라고 불리는 어떤 사람은 의대를 나왔다고 주장했다. 그리고 가브리엘에게는 아무런 문제가 없다며, 실상은 네 부모가 "정신장애"라는 헛소리로 오히려 너를 혼란스럽게 만들고 있다고 했다. 그리고 가브리엘에게 모델을 해보는 것이 어떻겠냐며, 큰돈을 벌 수 있다고 했다. 그리고 그는 가브리엘에게 은행 계좌를 개설해서, 자신이 디트로이트 은행의 계좌에서 인출했다는 천 달러 정도 되는 수표를 입금하게 했다. 그리고 현금인출기에서 돈을 찾아 가브리엘에게 기분 좋을 만큼의 수수료를 떼주고는 대부분의 현금을 가져갔다. 그의 수표가 공수표라는 것이 밝혀지자 은행은 가브리엘에게 손실을 책임지라고 했다. 우리는 수표가 제대로 확인되지 않은 상태에서 카드를 발급한 은행 책임이라고 따졌다. 은행은 몇 번의 위협적인 편지를 보내더니 결국은 그들이 손실을 떠안았다.

그 '의사선생'이라는 자는 나중에 수표 사기가 밝혀지면서 텔레비전에 보도되기도 했다. 그 사람을 제외하고 대부분의 새 친구들은 그다지 해롭지 않았다. 일부는 노숙자이기도 했다. 예를 들어 자신을 "올드 타운 시장"이라고 부르는 어떤 거지는 노스 애비뉴나 웰스의 거리에서 우리에게 인사를 건네기도 했다. "여기 자네의 근사한 엄마와 아빠가 오신다." 그는 우리는 보면 이렇게 말했다. 우리는 그에게 "하룻밤 묵을 만큼의 돈"을 주곤 했다.

그 후 8년이라는 시간 동안 가브리엘은 치료사와 사회복지사, 그리고 트레시홀즈 에이전시의 도움으로 미로 속에서 서서히 자신의 길을 찾아나갔다. 또한 가브리엘에게 중요했던 것은 (정신보건 시스템에서 고객이 '소비자'로 설정되는 것에 반대해서) '생산소비자'prosumer라고 불리는 사람들과의 작업과 우정이었다. 이들은 정신장애의 문턱을 넘어 직업을 갖거나 타인에게 봉사하면서 평안과 낙천성을 되찾은 건강한 사람들이었다. 우리는 한 땀 한 땀 실을 짜듯 가브리엘 주위에 안전망을 구축해나갔다. 조 케루악이라는 이름의 어느 '생산소비자'(유명한 소설가 케루악의 먼 친척이라고 했다)는 양극성 장애를 앓고 있었는데, 가브리엘이 정신보건 시스템에서 적응해나갈 수 있도록 멘토가 되어주었다. 그는 또한 가브리엘을 자신의 스터디그룹인 '커뮤니티 스콜라스'에 초대해주었다. 가브리엘은 그곳에서 자신이 학교에서 놓쳤던 분야(예를 들면 수학의 장제법이라든가)를 다시 배울 수 있는 수업을 들었다. 가브리엘은 자신의 진단을 결코 완전히 받아들이지 않았지만, 트레시홀즈 시스템에서 그는 일종의 모범 환자가 되었다. 그리고 그곳에서 받은 자격증들을 자랑스럽게 전시해놓았다. 가브리엘의 영화들 중 하나에서 가브리엘은 자신의 아파트 벽을 카메라로 훑어가는데, 그가 받은 상장들이 액자에 넣어져 벽에 걸려 있는 걸 볼 수 있다.

1998년쯤에 가브리엘은 영화제작 모임과 연극 모임에 참여하기 시작한다. 그는 컬럼비아 칼리지의 영화제작 수업을 듣기 시작했고, 영화제작자들의 모임에 가입해서 멘토 역할을 하기 시작했다. 트레시홀즈 에이전시를 통해 가브리엘은 '아티스틱 홈'이라는 연극 모임에 참석하기 시작하는데, 그곳에서 '마이스

너 메소드'를 알게 된다. 스타니슬라프스키 메소드의 스핀 오프라고 할 수 있는 마이스너 메소드는 배우가 표현하려고 하는 인물보다는 배우 자신의 진정성과 내면생활을 중요하게 다룬다. 하지만 이 메소드는 가브리엘에게 그다지 좋지는 않았던 것 같다. 그곳에서 연기 훈련을 할 때, 감정적으로 "진정성 있는" 장면에서 어느 젊은 여성의 얼굴을 때릴 것을 요구받고는 화가 나서 나와버렸다고 했다.

2002년에 가브리엘은 큰 진전을 이룬다. 우리의 도움을 전혀 받지 않고 혼자서 시카고 건축의 랜드마크라고 불리는 마리나 시티에 월세 집을 구한 것이다. 그는 사회보장 8번 섹션의 장애인 보조금을 받을 수 있었다. 조심스러운 성격의 집주인은 월세가 반드시 지급될 것이라는 우리의 보장을 받고 가브리엘에게 집을 세주기로 했다. 트레시홀즈 시스템 바깥의 새로운 환경이자 시카고 강 너머 멋진 도시 경관이 내려다보이는 그 집에서 가브리엘은 아웃사이더 예술가이자 영화감독으로서, 몽상적인 대본을 쓰는 각본가로서, 그래픽 노블과 시를 쓰는 작가로서, 그리고 자신만의 우주론에 기초한 격자 큐브 조각을 만드는 조각가로서 자신의 재능을 꽃피우기 시작한다. 가브리엘은 또한 정신보건 공동체를 벗어나 시카고의 예술가 행동주의자 공동체에서도 우정을 쌓기 시작했고, 로저 에버트와 마이클 윌밍턴의 수업에서 영화사와 영화제작에 빠져들었다. 가브리엘이 뉴욕 대학교를 떠난 지 8년이라는 시간이 흐른 시점이었다. 이제 그는 서른 한 살이었다.

5

황폐한 시간부터
'다 주얼'에서의 나날까지

트레시홀즈시스템은 가브리엘이 정신질환과 공식 장애인의 세계로 들어선 후 처음으로 제대로 된 일자리를 마련해주었다. 대단한 건 없었다. 가브리엘은 5시에 기상해서 훔볼트 공원에서 버스를 두 번 타고 트레시홀즈 사무실로 7시까지 출근해야 했다. 그곳에서 가브리엘은 화장실을 청소하고 바닥에 걸레질을 했다. 할리우드의 유명 영화감독이 되겠다는 야망을 가진 철학자이자 왕의 취향에 꼭 들어맞는 자리는 아니었다. 가브리엘의 사회복지 상담원이었던 질 보로노프는 아침마다 모닝콜을 해주었다. 물론 전화를 끊고 다시 잠든 적도 많았다고 한다.

강박신경증에 가까운 학자로서 나는 『정신질환 진단 및 통계 편람』에서부터 E. 풀러 토리의 『조현병의 모든 것』에 이르는 광기의 아카이브를 구축하는 데 열성을 쏟았다. 가브리엘도 이

리딩 프로그램을 짜는 데 합류했다. 그가 특히 질 들뢰즈와 펠릭스의 "자본주의와 조현병"과 R. D. 랭의 "분열된 자아"와 같은 반정신의학 운동에 끌렸다는 건 놀랍지 않다. 미셸 푸코의 『광기의 역사』는 선별 원칙의 기준이 되었다. 사람들은 어떻게든 (도덕적 모델링의 수단이든, 처벌의 본보기든, 치료의 수단이든 간에) 정신장애자를 이용하려고 해왔다는 사실도 알게 되었다. 중세에 정신장애자는 추방자, 부랑자, 그리고 거지로 생각되었다. 우리가 이렇게 "생각되었다"라고 말하는 것은 그것이 중세 사회에서 정신장애자들이 맡았던 역할이었기 때문이다. 물론 은둔자, 성인, 순교자, 마녀, 혹은 전문희극인(광기에 사로잡힌 리어왕은 "공인된 바보"라는 표현을 썼다)처럼 다른 시각들도 있었다. 정신장애자들은 "바보들의 배"에 태워져 보내지거나 도시로부터 추방되어 노역소에 감금되었다. 푸코의 유명한 주장에 따르면, 그들은 나병환자들이 비운 공간에 들어가야 했고, 질병 때문에 무기력하다는 걸 인정받지 못한 채 거리에서 채찍질을 당하거나 회개하지 않는 죄인으로 낙인찍히는 대우를 받아야 했다. 그들은 노역을 거부하거나, 세상과 담을 쌓아서 혹은 긴장증이 생겨서 노역을 하지 못하고 비참한 환경에서 살아가야 했다. 18세기에 그들은 강요된 노동과 감금을 당해야 했고, 도덕적 갱생이라는 편리한 구실로 경제적 생산을 보장하는 데 이용되었다. 하지만 그 "노동하는 빈곤층"이 임금을 너무나 떨어뜨린 나머지 지독한 가난과 집 없는 신세를 면하지 못하게 되자 경제적 미래에 대한 약속은 실패하고 말았다. 19세기가 되어서야 노동도 정신장애자들에게 치료의 방법일 수 있다고 생각되기 시작했고, 19세기 중반에 미술공예 치료법도 생겨나게 되었다.

정신질환을 앓은 지 10년이 다 되어가던 2002년에 가브리엘은 트레시홀즈의 노동에서 졸업하여 "주얼 푸드 스토어"에 농산물 코너 점원으로 일하게 되었다. 그곳은 근무자들과 손님들이 "다 주얼"이라는 애칭으로 불리는 곳이었다. 가브리엘은 2011년 가을에 컬럼비아 칼리지로 돌아가기 위해 휴가를 신청할 때까지, 다 주얼에서 매주 20시간씩 9년을 착실하게 일했다. 2011년에 컬럼비아 칼리지에서 다큐멘터리 영화제작 학과의 38살 먹은 2학년으로 공부를 시작하게 되었기 때문이다. (뉴욕 대학교가 가브리엘의 1학년 학점을 인정해주어서 가능했다.) 다 주얼의 일자리는 가브리엘에게 일상적 일과와 생활비, 그리고 자존감을 선사해줬다. 사람들이 가브리엘에게 무슨 일을 하느냐고 물으면 그는 낮에는 다 주얼에서 정해진 시간만 일하고 나머지 시간에는 영화감독이라는 자신의 진정한 일을 추구하고 있다고 말했다. 가브리엘은 농산물 코너의 전문가가 되었고, 가끔은 선물로 이국적인 과일과 채소를 집으로 가져오는 걸 좋아했다. 감이나 키위, 루타바가 채소, 그리고 허브류 전체는 가브리엘이 특히나 좋아하던 것들이었다. 가브리엘은 어떤 종류의 과일이 얼마나 일꾼들의 노동을 착취하는지에 대한 이야기를 우리에게 즐겨 해주었다. 사실은 거의 모든 종류의 과일이 그렇다고 했다. "엄마 아빠가 그렇게 좋아하는 '넝쿨째 파는 토마토'를 따는 데 얼마나 받는지 아세요? 완전 못 믿으실걸요."

사실 그 일은 스트레스가 많을 수도 있었다. 가브리엘의 감독관들이 장애인이라는 진단을 증명하고 한정된 시간만 노동해야 한다고 회사측에 숙지시켰음에도 불구하고, 그는 항상 시간 외 노동을 해야 했고 다른 직원이 출근하지 않으면 그 자리를 대신해야 한다는 압박을 받았다. 그가 허용된 시간보다 초과 근무를 할 경우에는 사회보장 장애인 혜택을 받는 것에 문제가 생기게 되었다. 이 경우 장애인 혜택은 진퇴양난의 딜레마와도 같았다. 일에서의 성공은 혜택의 감소라는 난처한 상황을 낳기 때문이다. 만일 한 달 동안 할당된 시간보다 한 시간을 더 근무하게 되더라도 그달에 받은 혜택을 모두 정부에 다시 토해내야 했다. 우리가 사회보장 부서와 연락해서 처리하겠다고 가브리엘을 안심시켰지만 그는 우편으로 계속 날아오는 전자고지서를 보고 몹시 불안해했다. 거기에는 혜택을 다시 환원하지 않으면 심각한 처벌을 받게 될 수도 있다는 협박이 덧붙여져 있곤 했다. 재니스가 "대리 수취인"의 지위로 그 상황에 대해 사회보장 부서의 직원들에게 이야기했을 때 그들은 가브리엘의 상황에 공감하면서 그런 일이 없도록 하겠다고 안심시켰다. 하지만 기계적 관료주의는 계속해서 경고문을 찍어내 발송하여 가브리엘의 우편함을 채웠다. 급기야 가브리엘이 죽은 후 2년이 지났을 때 사회보장 부서는 몇 년간 가브리엘이 받은 "초과 혜택"이라면서 46,981.9달러의 청구서를 찍어내 발송했다. 가브리엘이 이 세상에 존재하지 않는다는 사실 덕분에 그 문제는 완전히 해결되었다.

가브리엘이 시간을 정확하게 지키며 늘 말끔하게 차려입고 있다는 사실 때문에 대부분 사람들의 눈에는 그의 장애가 보이지 않았다. 다 주얼의 직원들에게도 그랬다. 가브리엘이 스트레스가 많은 노동여건에 더 잘 적응할수록 다 주얼의 관리자들은 그에게 더 많은 스트레스를 떠넘기려고 했다. 가브리엘은 자주 밤늦게까지 일하고 다음 날 아침 일찍(새벽 6시에) 출근하라는 명령을 받았다. 불면증과 악몽에 취약한 가브리엘은 그 때문에 제대로 잠을 자지도 못했고, 아무리 윗선에 설명을 해도 (혹은 노조법을 환기시켜도) 이는 크게 바뀌지 않았다. 가브리엘은 늘 해고당할지도 모른다는 불안감을 느꼈고, 시간당 보수를 받는 직업에서 늘상 존재하는 일상적 모욕과 대수롭지 않은 폭력적 행동에 대해 불평했다. 그러면서 엄마와 아빠는 이 분야에 대해서는 잘 모를 거라고 우리에게 상기시켰다. 가브리엘이 자신의 동료에게 영화감독으로 성공하겠다는 것을 실수로 말하자 그는 조롱을 당했다. "너 아직도 네 오스카상 트로피만 광내고 있는 거야?" 한번은 가브리엘이 자신의 장애인 신분을 상기시키며 초과노동의 고됨을 호소하자 그의 사수는 버르장머리 없는 돈 많은 집 아들이라며, 계속 그렇게 불평을 늘어놓으면 자신의 깡패 친구를 시켜 흠씬 두들겨 패주겠다고 했다고 한다. 이건 단지 마트 점원치고 너무 잘 차려입은 심약한 청년을 괴롭히려는 농담이었던 걸까? 알 수 없는 일이다.

나만의 시간을 보장받으며 엘리트 대학에서 똑똑한 학생들을 가르치는 쾌적한 학자의 삶을 오랫동안 즐긴 내가 가브리엘이라면 그런 상황을 잘 견딜 수 있었을지 나는 종종 자문하곤 했다. 나 또한 대학을 가기 위해서 하루에 12시간씩 10달러를 받고 낡은 건물을 해체하거나 패스트푸드 식당의 주방에서 설거지를 하는 힘든 일을 하기도 했었다. 하지만 그것은 모두 여름에 잠깐만 하는 임시 아르바이트였을 뿐, 가브리엘이 견뎌야 했던 끝없는 단조로운 일에 비할 바는 아니었다. 내가 가브리엘의 직장 상사에게 가서 상황을 설명하는 게 어떻겠냐고 제안했을 때 가브리엘은 단칼에 거절하면서, 그렇게 하는 게 오히려 그곳에서의 자신의 삶을 더 비참하게 만들 뿐이라고 단언했다. "멋대로 할 생각하지 말아요!" 가브리엘은 말했었다. "아빠"가 자신을 대신해 자신의 일에 개입한다는 건 가브리엘에게는 참을 수 없는 일이었다. 나는 이런 가브리엘의 생각을 존중해야 했으므로, 내 아들에 대한 다 주얼의 처우에 대해 관리자들과 맞서 대면하고 싶은 생각을 억눌러야 했다. 가브리엘은 멀쩡하게 행동할 줄 알았기 때문에 가브리엘에게 정신적 문제가 있다는 사실은 망각되기 일쑤였다. "내가 보기에 넌 아픈 사람 같지 않은데." 윗사람들은 되풀이해서 이렇게 말했다.

그럼에도 불구하고 가브리엘은 자신이 농산물 전문가라는 사실에 대해 자랑스러워했고, 우리집 냉장고에 있는 "짐짝들"에서 버려야 할 것을 알아보는 뛰어난 눈썰미를 과시하곤 했다. 가브리엘은 지게차를 모는 법도 배워서 0.5톤이나 나가는 감자부대를 마치 존 헨리처럼 재빨리 옮기는 기록을 세웠다고 자랑했다. 가브리엘은 농산물이 저녁에 집결해서 다음 날 새벽에 시카고의 모든 상점으로 보내지는 거대한 시설인 중앙배송창고를 방문하기도 했다. 가브리엘은 고객을 상대하는 데에도 능숙했고, 특히 상품의 품질에 대한 나이 많은 여성들의 불평불만을 다루는 특별한 재주가 있었다. 그는 할머니들의 목소리를 생생하게 흉내 내기도 했다. "여봐요, 젊은 양반! 이게 이 집에서 제일 신선한 체리야? 너무 익은 것 같잖아." 그러면 그는 대답했다. "그래요, 어머니! 창고에 가서 더 신선한 거 있는지 제가 보고 올게요." 그리고 전시된 것과 똑같은 곳에 있는 체리를 한 박스 가지고 나와서 손님에게 건네주었다. "음, 이게 좀 더 낫네. 이게 훨씬 좋은데 여기 있는 체리는 다 갖다 버리지 그래." 이 할머니들 중 몇몇이 그의 이름이 가브리엘이라는 것과 어머니와 할머니가 유대인이라는 것을 알게 되어 가브리엘을 농산물 코너의 수호천사라고 생각했다. 머지않아 가브리엘은 시카고 전체 주얼 매장에서 최고 응대사원으로 상을 받게 된다. 가브리엘은 월급을 받는 관리직으로 자리를 옮기는 게 어떠냐는 제안을 받게 된다. 하지만 그렇게 되면 장애인 혜택을 더 이상 받을 수 없을뿐더러 자신의 예술적 경력을 추구할 수도 없다는 매우 합리적 이유에서 가브리엘은 그 제안을 거절한다. 더 높은 자리는 더 많은 책임을 져야 하기 때문에 스트레스가 아주 심할 것이고, 자신의 오랜 친구인 정신병이 더 극단적으로 날뛰게 되는 결과를 가져올 수도 있다는 사실을 현명하게도 잘 알고 있었던 것이다.

업타운 주얼에서 가브리엘이 제일 좋아했던 상사는 밥 존슨이라는 나이가 지긋한 사람으로, 농산물을 다루는 기술을 가브리엘에게 알려주었고 가브리엘을 "도련님"이라는 애칭으로 불렀다. 가브리엘의 웹사이트에 나온 "고향 친구"("손에는 수염을 잡고 모험에 대한 열렬한 사랑을 품은 채 도련님은 귀환하고 있다.")를 보고 붙인 별명이었다. 밥은 농산물 사업에 평생을 몸담았고, 주얼에서는 유명인사였다. 그는 가브리엘을 자신의 곁에 두었다. 가브리엘이 노숙자뿐만 아니라 친구들과 지인들의 인터뷰 영상을 제작하기 시작했을 때, 밥에게 인생철학이 무엇인지를 묻는다. 밥은 이렇게 대답한다. "내 인생철학은 바로 이거야. 살아가면서 아무리 일이 잘 풀리더라도, 항상 내 머리를 뎅강 날려버릴 사람이 있다는 걸 기억하라." 밥은 멀리서도 알아볼 수 있는 진상 고객들을 가브리엘이 상대하는 방식을 좋아했다. 까다로운 할머니들이 농산물 코너로 들어서는 걸 본 즉시 밥은 관계자실로 들어갔다. "도련님, 저기 자매님들이 오시네. 넌 할 수 있어. 난 담배나 한 대 피우고 올게."

따라서 가브리엘이 ‹다 주얼스›라는 영화를 만들려는 생각을 하기 시작한 것도 놀랍지 않다. 그 영화는 대도시의 어느 마트에서의 일상에 대한 다큐멘터리와 수백만 달러짜리 보석 절도 영화를 결합한 형식이었다. 내가 알기로 전체 대본은 완성되지 않았지만 가브리엘과 우리는 이 영화에 관해 많은 이야기를 나누었다. 그 영화의 목표는 가브리엘의 일상을 무모한 축제 혹은 카니발로 바꾸는 것이었다. 그것은 1963년의 고전 영화인 ‹매드 매드 대소동›과 같은 코믹 액션 영화에 모델을 두었다.

‹다 주얼스›는 ‹블루스 브라더스›에 영감을 받아 시카고 시내를 관통하는 경찰과 도둑들의 자동차 추격신을 하이라이트로 하며, 게이 프라이드 행진로를 따라 보석이 흩뿌려져 있다는 설정에서 시작한다. 가브리엘의 영화에서 그 다이아몬드 보석들은 주얼에서 제공하는 수백 개의 수박 안에 숨겨져 있을 수도 있다. 수박이 터지면서 진짜 다이아몬드가 흩뿌려지는 거리의 광경에서 군중들의 흥분은 절정에 이른다. 그리고 이는 시청으

로 질주하는 광란의 자동차 추격신과 교차 편집된다.

하지만 내가 가장 좋아하는 장면은 오프닝 크레디트에 대한 가브리엘의 구상이었다. 여기에 그가 대본 포맷으로 이 장면을 묘사한 글이 있다.

[업타운 주얼 푸드마켓의 내부: 새벽 3시]
가게는 환하게 불이 켜져 있다. 스피커에서는 '레이지 어게인스트 더 머신'의 음악이 요란하게 울리고 있다. 롤러블레이드를 탄 직원들이 선반을 채우면서 복도를 질주하고 있다. 라스 폰 트리에의 영화 〈어둠 속의 댄서〉 스타일로 카메라 수백 대가 각각 다른 각도에서 설치되어 있다.
메인 카메라는 스케이트보드에 탄 감독이 바닥에서 롤러블레이드를 쫓아서 복도를 질주하면서 촬영하고 있다. 이 장면 위로 오프닝 크레디트가 올라가다가 음악이 멈추고 조용한 안쪽 관계자실을 비춘다. 마스크를 한 인물들이 수박이 쌓여 있는 곳 주위로 몸을 숨기고 있다. 중저음의 목소리가 이 영화를 어느 흔한 도시 마트에서 일어나는 하루를 담은 다큐멘터리라고 소개한다. "대도시 마트에서는 고객들은 잘 모르는 일들이 일어나고 있죠…" 수박 안에 끼워 넣어진 반짝거리는 다이아몬드를 클로즈업하면서 1막이 시작된다.

〈다 주얼스〉는 일과 직장을 노동과 업무와 치료의 공간에서부터 즉흥적 놀이의 공간으로 바꾸는 가브리엘의 방식이었다. 대본은 '다 주얼'이라는 일상적이고 상업적인 공간을 무정부주의의 공간이자 고대적 형태의 광기로 다시 구현해낸다. 고대에 광기는 공동체의 의식이자 공동의 망상으로서 의도적으로 장려되기도 했는데, 플라톤은 그것을 "입문 의례" 광기라고 부르며 디오니소스 제의와 연결시키기도 했다. 가브리엘은 자신의 일자리를 광기에 대한 치료로 이용하는 것이 아니라, 오히려 광기가 스스로 노동하도록 만들었다고 볼 수 있다. 마치 "광기는 곧 노동의 부재"라는 푸코의 정의를 반박하고 싶었던 것처럼 보인다.

훔볼트 하우스의 주민들은 대부분 앉아서 담배를 피우며 하루를 보내는 무력한 사람들이었다. 가브리엘은 그곳에서 나와 자신이 조금 아는 스페인어를 사용하여 '사악한 군주들'이라고 스스로를 부르는 히스패닉 깡패들과 어울리곤 했다. 가브리엘은 우리에게 머리칼을 쭈뼛하게 하는 건달들의 싸움에 관해 이야기해주었다. '라틴 킹'과 '갱스터 사도들'이라는 두 집단이 싸우면 총성이 훔볼트 대로에 울려 퍼진다고 했다. 가브리엘은 자신의 명함으로 사용한 파스텔화 초상화를 자랑스럽게 생각했다. 가브리엘은 어느 마약쟁이에게 10달러를 주고 그걸 그리게 했다고 했다. 그리고 자신의 깡패 이웃 중 하나가 그에게 특별한 제안을 했다면서("헤이, 친구. 너는 아무렇지도 않아. 죽이고 싶은 사람이 있으면 나한테 바로 말해. 공짜로 죽여줄게.") 만나는 사람들에게 자랑하고 다녔다.

가브리엘이 그렇게 서서히 영화감독으로서 기술을 쌓고 지평을 넓히면서 진전을 이루고 있는 동안에도 여전히 그의 정신병은 그를 교란시키면서 따라다녔고, 종종 갑작스럽게 분노, 우울, 좌절 등으로 발현되곤 했다. 크리켓에 대한 가브리엘의 집착

│그림 7│ 가브리엘의 초상화 〈가브리엘의 '쓰레기' 명함〉(날짜 불명).

은 완전히 사라지지 않았고, 스트레스가 극심한 순간이면 다시 의식으로 떠오르곤 했다. 또한 우리는 알고 있다. 매력적이고 영리하며 정직하고 친절하며 신사적인 청년으로 그가 다시 태어나고 있던 바로 그 순간에도 그는 귓가에 울리는 환청과 악몽의 세계와 여전히 씨름하고 있었고, 부모가 그 사실을 알지 못하게 하려고 사투를 벌이고 있었다. 어느 누구든 자신의 약점 때문에 괴로운 순간이 있다. 하지만 가브리엘에게 그 약점은 계속해서 자신을 조롱하고 멸시하는 커다란 목소리로 들려왔고, 그로 인해 가브리엘은 끊임없이 고통받았다. "저 대머리 독수리를 죽여! 죽여버리라고!"와 같은 외침이 가브리엘의 머릿속에서 끊임없이 울리고 있었다고 한다. "가브리엘, 대머리 독수리는 대체 누구니?"라고 내가 묻자 "그건 당연히 나죠."라고 그는 대답했었다. 〈광기의 대화〉는 분명 고층건물 옥상에서 뛰어내려 자살하려는 톰 크루즈의 〈바닐라 스카이〉에서 가져온 이미지라는 내 예감도 틀리지 않았다. 가브리엘이 말끔한 청년으로 성숙하고 있는 동안에조차 조현병의 그림자는 그의 얼굴을 어둡게 만들고 있었다.

2012년 6월 24일. 나는 친구들과 화이트삭스의 경기를 보고 있었다. 가브리엘은 그날 아침 전화해서 같이 가고 싶은 기분이 아니라고 했었다. 재니스에게서 문자가 왔다. "가브리엘한테 문제가 생겼어. 집으로 와." 하이드 파크로 오토바이를 타고 돌아오는 길은 끝이 없어 보였다. 마치 러닝머신 위를 계속해서 뛰어야 하는 악몽을 꾸고 있는 것만 같았다. 내가 몇 분 후 집에 도착하자, 나의 최악의 악몽은 끔찍한 현실이 되어 있었다. 재니스는 우리집 현관에 경찰관이 서 있는 걸 본 순간 무슨 일이 일어났는지 알았다고 한다. "몇 시간 전에 어느 남성이 마리나 시티 서쪽 동에서 추락사했습니다. 아드님이신 가브리엘로 확인되었습니다." 가브리엘은 59층에 있는 자신의 아파트에서 뛰어내린 것이 분명했다. 그다음에 우리가 무엇을 했던가? 그날의 기억은 그저 흐릿하기만 하다. 우리가 시체안치소로 갔던가? 아니면 진짜인지 믿지 못해 마리나 시티로 달려갔던가? 가장 생생한 기억은 그의 아파트에 들어섰을 때 모든 것이 깨끗하게 정돈되어 있던 모습이다. 설거지가 다 되어 있었고, 침대는 잘 정돈되어 있었으며, 스케치 도구는 책상 위에 깔끔하게 정리되어 있었고, 노트북은 열려 있었다. 노트북에는 가브리엘과 일하고 싶다는 동료 영화감독들에게서 온 이메일로 가득했다. 유일하게 이상했던 점은 부엌 조리대에 빈 담뱃갑 옆에 놓여 있던 자이프렉사 약병과, 그 부작용이 프린트된 종이였다. 가브리엘이 자살을 계획하지 않았다는 건 우리에게 명백해 보였다. 돌이켜서 생각하면 피할 수 없었던 것처럼 보이긴 하지만 말이다. 강박적으로 메시지를 남기던 가브리엘은 그날 단 한 장의 쪽지도 남기지 않았다. 가브리엘은 9/11 테러 때 추락하던 사람들처럼 자신의 머릿속 견딜 수 없는 불길로부터 한 발자국씩 내몰렸던 걸까? 머릿속에서 울리던 목소리들의 쓰나미가 결국 그를 휩쓸어버린 것일까?

비행과 추락

가브리엘의 죽음 이후 며칠 동안 우리는 친구들과 가족들에게 둘러싸여 정신없는 나날을 보냈다. 내가 사랑했던 모두가 흐릿한 목소리와 얼굴들로 우리에게 다가오는 것만 같았다. 나는 로코 할아버지와 플로렌스 할머니, 리오나 할머니의 유령이 우리 주변을 휘감고 있는 것을 느꼈고, 카먼과 함께 문으로 걸어 들어오는 것을 예상했을 정도였다. 그리고 내 살아 있는 누이들인 샌드라 라이언과 메릴리 타일러 곁에는 20여 년 전에 죽은 캐틀린이 함께 있는 것 같았다. 그 혼란 가운데 옆집 이웃인 빌 에이어스가 조용히 자리를 지키고 있었다. 그는 공항에서 손님들을 픽업해주었고, 우리를 위해 식사를 만들어주었으며, 같이 대화하자는 우리의 요청에도 사려 깊게 자리에서 물러나주었다. "자네 곁에는 내가 필요 없다네. 자네는 자네 가족과 함께 있어야지."

그 당시 종소리처럼 끝없이 반복되던 단어는 "상상할 수 없다"라는 말이었다. 나는 왜 사람들이 늘 자식의 죽음에 대해 상상할 수 없다는 표현을 쓰는지 궁금해하곤 했다. "그 고통은 저로서는 상상할 수도 없네요."라는 말은 동정을 표현하는 일상적인 말이다. 하지만 내 느낌은 정반대였다. 그 죽음은 너무나도 상상 가능했다. 부모로서 아이를 키울 때, 특히 심약해 보이는 아이를 키울 때 느끼는 그 모든 공포에 휘둘리게 되면, 아이의 죽음은 부모의 상상의 일차적 근원이 될 수도 있는 것이다. 그렇다면 "상상할 수 없다"라는 말은 아이의 죽음이라는 비극으로부터 거리를 두는 잔인한 방식인 걸까? 자신에게는 그런 일이 일어날 수 없다는 뜻으로? 아니면 그것은 부정하는 방식의 긍정인가? 나는 아이를 잃는다는 게 어떤 건지 너무나 잘 상상할 수 있다, 그러니 나는 나의 상상을 그만두고 당신이 직면한 슬픔이라는 현실의 특이성을 존중해야 한다는? 어느 쪽이 되었건 그것이 사람들이 말하는 방식이다.

가브리엘이 죽은 방식에 대한 나의 첫 번째 예감은 가브리엘이 어릴 때였다. 나는 가브리엘이 걸음마를 시작하면서 걷고 기어오르다 결국 위험에 빠지는 악몽을 반복해서 꾸었다. 그 악몽은 늘 동일한 구성을 가지고 있었다. 가브리엘이 유아침대에서 기어 나와 침실 창문으로 기어간다. 가브리엘은 창문 가리개를 열고 기어 나와 현관문 위의 지붕으로 계속 기어간다. 그리고 지붕 가장자리를 향해 기어가면 나는 놀라서 가브리엘의 발뒤꿈치를 잡으려고 서둘러 창문 밖으로 나간다. 나는 가브리엘의 작고 통통한 뒤꿈치를 안전하게 붙잡는다. 손에 그 감촉이 느껴지면 나는 펄쩍 뛰듯 잠에서 깨어난다.

창문 밖으로, 창문을 통해, 거울을 통해. 나는 가브리엘이
자신에게 장난치는 로코 할아버지를 향해 부엌 창문에 자신의
손을 대는 걸 본다. 또 집 창문 밖을 응시하면서 오랫동안 앉아
있는 아기 가브리엘을 본다. 그리고 가브리엘이 〈바닐라 스카
이〉의 고층건물 창문들을 지나치며 추락하는 것을 본다. 혹은
광고업계의 실상을 보여주는 텔레비전 드라마인 〈매드맨〉의 오
프닝 크레디트에 나오는 인물 실루엣이 건물로 추락하는 것처
럼 가브리엘이 추락하고 있는 장면을 본다. 가브리엘이 시카고
모퉁이의 "구불구불한 길" 위로 스케이트보드를 타고 날았다고
흥분하는 모습도 본다. 가브리엘이 집 뒤편 지붕에서 뛰어내려
발을 다치는 모습도, 내 품에 안기려고 계단에서 펄쩍 점프하는
모습도, 마리나 타워의 지붕에서 자신의 카메라를 던지는 모습
도, 그리고 자신이 가장 좋아하는 '중력을 거스르는' 슈퍼히어
로처럼 날아오르는 모습도 본다.

가브리엘이 마리나 시티로 이사했을 때 나는 이상하게도
그 집 바로 밖이 그렇게 위험하다는 걸 제대로 인지하지 못했다.
마리나 시티의 모든 집에는 1미터 50센티 정도 되는 철제 난간
이 있는 넓은 발코니가 있었다. 59층에서 아래 거리를 내려다보
기 너무 쉽다. 머리를 난간에 대고 추락하면 어떨지 상상하기가
너무 쉽다. 그리고 공포와 흥분으로 난간으로 올라 그 상상을 실
제로 실현하는 것도 너무 쉽다.

나는 늘 높은 곳을 좋아했었다. 그래서 가브리엘의 발코니
에서 시카고 강을 내려다보며 시간을 보내는 걸 좋아했다. 아래

를 보면서 추락을 상상하면 기쁨과 공포가 섞인 기분이 들었다. 나는 늘 비행에 대해 생각했다. 내 꿈은 공중을 비행하는 것이었다. 때로 나는 빗자루 탄 마녀에게 쫓기면서 시골을 날아다니는 꿈을 꾸곤 했다. 하지만 나는 그 마녀보다 훨씬 더 빠르다. 그래서 마녀 주위를 원을 빙빙 그리면서 돌기도 하고 멀리 떼놓기도 한다. 하지만 마녀는 끈질기게 따라온다. 마녀는 지평선 너머로 나를 쫓아오고, 나는 서서히 비행능력을 상실하기 시작한다. 나를 높이 떠 있게 해준 쭉 뻗은 팔에 서서히 힘이 빠지기 시작하며 나는 착지한다. 그리고 여전히 마녀가 날 따라오는 걸 보고는 잠에서 깬다.

재니스는 마리나 시티의 위험에 대해 나보다 훨씬 더 잘 의식하고 있었다. 그녀는 가브리엘에게 절대 뛰어내리지 않겠다고 약속하라고 처음부터 요구했다. 가브리엘은 단호했다. "난 그런 짓은 절대 안 해요. 무슨 생각을 하시는 거예요? 내가 그렇게 멍청하고 미친 것처럼 보여요? 나는 절대 그렇게 못 한다고요."

하지만 가브리엘은 그렇게 했다. 우리는 그 사실을 생각했어야만 했다. 특히 나는 더욱 더 조심스러워야 했고 상상력을 발휘했어야 했다. 하지만 나는 그 이야기를 듣고 웃어넘겼다. 가브리엘이 아이였을 때 우리집 앞 하수구에서 흙탕물을 떠마셨다고 했을 때 내가 웃어넘겼던 것처럼. 재니스는 깜짝 놀라서 가브리엘에게 물었다. "지금 뭘 했다고?" 그리고 내게 말했다. "억지로 토하게 해야 하나? 아니면 응급실에 빨리 가야 하나?" 하지만 나는 가브리엘이 엄마의 상상력을 짓궂게 괴롭히고 있다고 생각하려 했다. 그래서 재니스를 안정시키면서 가브리엘이 들으라고 큰 소리로 말했다. "가브리엘은 그렇게 하지 않았을 거야. 똑똑한 아이니까. 하수구 흙탕물을 떠 마실 만큼 멍청하고 미친 짓을 할 아이가 아니지." 나는 가브리엘과 눈이 마주치고는 윙크를 했다. 가브리엘도 내게 윙크를 했다. ("아냐. 가브리엘은 정말 그 물을 마셨어." 이 책의 원고 여백에 재니스가 이렇게 써 놓았다.)

가브리엘이 죽은 후, 나는 가브리엘의 마지막 순간들을 상상하지 않고서는 도저히 시간을 보낼 수가 없었다. 그건 마치 자각몽 같았고, 슬로 모션으로 틀어놓은 공포영화와 같았다. 가브리엘은 우리의 마지막 대화 후에 전화를 끊는다. 그때 가브리엘은 자신의 영화대본을 내가 한 번도 읽어본 적이 없다며 분노에 차 나를 비난했었다. 가브리엘은 담배를 한 대 피우고 부작용이 인쇄되어 있는 자이프렉사 병을 꺼낸다. 목소리들이 마치 파도처럼, 화재경보처럼 그의 머리를 쾅쾅거리며 울리고 있다. 가브리엘은 그 목소리를 멈추게 할 수가 없다. 그는 건물을 올라갔다 내려갔다 한다. 가브리엘의 머리는 〈바닐라 스카이〉에서 톰 크루즈가 사무실 건물에서 뛰어내려 다른 현실에서 눈을 뜨는 장면에 대한 기억으로 가득 차 있다. 가브리엘은 담배와 지갑을 내려놓고 안경을 벗는다. 그리고 난간으로 다가간다. 자신의 영화 〈광기의 대화〉에서 가브리엘은 마리나 타워의 지붕 끝에서 카메라를 던지는 것을 통해 추락하는 경험에 대한 영화를 찍고 싶다고 말한 적이 있었다. (하지만 그렇게 하면 카메라가 부서지면서 자신이 원하는 영상을 얻을 수 없으므로 그렇게 하지 않기로 했었다. "특수 장치가 필요할 거 같아요." 하고 말했었다.) 생의 마지막 순간에 가브리엘은 바로 자기 자신의 카메라이자 특수 장치였던 것일까? ⟨바닐라 스카이⟩의 톰 크루즈를 대신하는? 가브리엘은 발코니의 가장자리에서 내려다보면서 난간을 오른다. 그리고 뒤돌아서서 잠시 균형을 잡는다. 그렇게 스스로를 놓아버린다. 그리고 59층에서 뒤로 추락한다.

내가 절대 보지 못한 이 장면은 일종의 구성된 기억으로 내 머릿속에서 재생된다. 그럴 때마다 나는 이 끔찍한 백일몽을 떨쳐버리려고 한다. 2012년 6월 24일 우리의 전화 대화로 돌아가서, 너의 대본을 읽었고 이제 너와 시간을 보내러 시내로 가겠다고 말한다. 나는 내가 그의 아파트 문을 열고 가브리엘이 난간을 오르고 있는 걸 본다. 나는 발코니로 뛰어가서 그가 스스로를 놓아버리기 직전에 그의 손목을 겨우 잡는다. 하지만 가브리엘은 내가 붙들고 있기엔 너무 무겁다. 나는 가브리엘과 함께 추락한다. 가브리엘이 추락하고 있다. 우리는 함께 추락하고 있다. 그리고 가브리엘은 영원히 추락해버렸다.

진단과 우회로

가브리엘은 여러모로 1980년대부터 발전해온 정신의학적 관점에 잘 들어맞는 전형적 주체라고 할 수 있다. 그는 13살의 나이에 우울증 진단을 받았지만 반항이라는 전략으로 그 상황을 빠져나올 수 있었던 것으로 보인다. 재니스와 나는 "잠시 지나가는 한때야."라는 통상적 반응으로 스스로를 위로하곤 했다. 가브리엘과 친구들은 시카고 대학 부설 실험학교에서 "문제소년 클럽"을 조직했다. 그 아이들은 운동장에서 대마초를 피우기도 했고 머리핀으로 학교 전체의 전기를 나가게 만들기도 했다. 일반적으로 말하자면, 학교에 잘 적응하지 못했던 것이다.

가브리엘은 내가 1987년 11월에 이스라엘로 강의 여행을 갔을 때 동행했다가 학교로 복귀한 직후에 학교를 떠나달라고 정중하게 요청받았다. 우리가 이스라엘을 여행했을 때는 팔레스타인 봉기가 최초로 시작되던 시기였다(당시에는 "어린이들의 반항"Children's Intifada이라고 알려졌다[팔레스타인 어린이들과 청년들이 앞장서서 이스라엘 군대에 저항했기 때문에 붙은 이름. —옮긴이]). 나는 이스라엘의 바-일란 대학교에서 풍경에 대한 학회에서 강의했다. 이스라엘 서안지구의 정착촌 건축물에서 보이는 패턴을 검토함으로써 시오니즘을 식민주의와 연결하는 슬라이드 강의였다. 가브리엘은 아버지가 이스라엘에서 토론의 십자포화를 맞고 샌드위치가 되는 진기한 풍경을 감상하는 즐거움을 누렸다. 한쪽에서는 나를 두고 팔레스타인을 동정하는 위험한 공산주의자라고 비난했다. 다른 쪽에서는 많은 이스라엘의 자유주의 엘리트들이 모두 알고 있는 바를 말하고 보여준 것일 뿐이라고 나를 옹호했다. 가브리엘은 이 광경을 보면서 몹시 즐거워했다. 아마도 아버지가 어떻게 가족을 먹여 살리는지 한눈에 볼 수 있는 최초의 기회였을 것이다. "그 사람들은 왜 모두 다 아빠를 공격해요? 아빠는 괜찮아요?" 가브리엘은 이렇게 물었었다.

그때는 가브리엘과 나의 관계가 마법적이었던 순간이다. 쾌활하고 사람 좋아하는 13살 소년인 가브리엘이 이스라엘이라는 세계에 갑작스럽게 빠지게 된 것이다. 그 문화권에서 가브리엘은 유대인 성인식을 앞둔 나이이자, 그의 이름 때문에 천사로 대접받기도 하는(그러면서도 잘난 척하는 악마처럼 행동하는) 온갖 응석을 다 부리는 아이였다("아빠는 날 신성한 땅으로 데려간다고 약속했잖아요. 근데 구멍들은 다 어디에 있어요?"['신성한'의 'holy'를 '구멍'hole이 많다는 의미로 오해했다는 뜻. —옮긴이]). 게다가 재니스의 절친이었던 주디는 이스라엘로 이주한 미국인이었고 그녀의 남편은 중동 유대인인 베니였는데, 그들에게도 같은 또래의 아들이 하나 있었고 그 이름은 '가브리엘'("가브리")이었다. 우리들은 천사이자 악마인 두 소년을 작은 차에 태우고 에일라트에서 갈릴레아까지 이스라엘 전역을 함께 여행했다. 갈릴레아로 가는 길에 밤이 되어 차를 잠깐 세우고 쉬고 있었는데, 가브리는 길가에 서서 오가는 차의 헤드라이트를 향해 길게 아크를 그리며 소변을 봐서 주디를 분노하게 했다. 하지만 가브리의 대담함을 알아주는 듯 차들은 그를 향해 경적을 울렸다. 이 광경을 보고 가브리엘은 즐거워했다. 주디는 베니에게 그만 웃고 아이를 벌주라고 했고, 베니는 가브리의 머리를 때리는 시늉을 했다.

우리는 계속해서 마사다로 여행을 했다. 소년들은 뒷좌석에서 계속해서 낄낄거리며 웃어댔다. 그곳에서 가이드는 수천 번을 반복했을 강의를 엄숙하게 수행했다. 마사다는 산꼭대기에 위치한 요새로, 수백 명의 유대 열심당원들이 로마 제국에 대항하여 66년부터 73년까지 저항운동을 벌이다 포로로 잡히기를 거부하고 집단 자살을 했던 곳이다. 가이드는 그곳이 현대 이스라엘의 알레고리라고 했다. 그리고 이곳으로부터 우리가 얻을 수 있는 교훈은, 이스라엘이 다시 한번 외부의 적에 위협을 받게 되는 때가 오면 혼자 자살하는 것이 아니라 (핵무기를 이용하여) 전 세계를 함께 죽음에 빠뜨려야 한다는 사실이라고 했다. 이 장황한 설교가 이어지는 동안 우리의 두 천사/악마는 마사다 안내서를 접은 종이비행기를 절벽 위에서 아래쪽 로마 요새 유적지로 날려보내고 있었다.

시카고 대학 부설 실험학교가 가브리엘에게 전학갈 것을 요청하자, 가브리엘은 가까운 공립학교인 켄우드 고등학교로 옮기게 되어 오히려 기쁜 것처럼 보였다. 내가 켄우드 고등학교에 등록하러 가브리엘을 데리고 학교에 갔던 날, 가브리엘을 알고 지내던 두 소녀가 교무실에 우연히 들렀다. "안녕, 가브리엘." 한 소녀가 말했다. "여기는 웬일이야? 너 켄우드로 와?" 가브리엘이 그렇다고 고개를 끄덕이자 다른 아이가 말했다. "우와. 멋지다. 우리랑 같이 놀러 갈래?"

가브리엘은 금방 친구들을 사귀었고, 대마초를 피웠으며, 우리집 술 저장고를 습격했고, 힙합문화를 즐기던 백인 소년들의 무리인 "위거스"와 함께 스케이트보드를 탔다. 그리고 지하도에 낙서를 했고, 스스로를 흑인 아이들과 동일시했다. 가브리엘은 시카고 전철 철로 위에 오줌을 싼 혐의로 경찰에 체포되어 귀싸대기를 맞았다. 내가 경찰서에 가브리엘을 데리러 가서 얼굴에 난 상처에 대해 항의하자 경관은 경멸을 담아 웃으면서, 만약 당신이 민원을 제기한다면 우리는 기꺼이 당신 아들의 나쁜 행실을 다시 검토해서 체포 불응죄로 고소하겠다고 응수했다. 구타당한 가브리엘의 귀는 여전히 귀울음이 울리고 있었지만 나는 조용히 물러나서 가브리엘을 데리고 집으로 왔다.

재니스와 나는 가브리엘을 말 안 듣는 전형적인 십 대 소년이자 거리에서 점차 명성을 얻고 있는 건강한 반항기를 거치고 있는 아이라고 생각했다. 1960년대 반전시위에서 경찰을 만난 우리 가족의 무용담은 틀림없이 가브리엘에게 무정부주의와 과도함이 (블레이크가 말한) '지혜의 궁전'으로 자신을 인도해줄 것이라는 생각을 심어준 것 같다. 사람들은 우리가 가브리엘에게 너무 무책임했다고, 아들에게 좀 더 강한 통제력을 행사했어야 했다고 비난할 수도 있다(나 자신도 이 점에 대해서 오랫동안 스스로를 자책했다). 나중에 B박사의 지지를 받은 가브리엘은 우리가 자신을 충분히 훈육하지 못했으며 자신의 성격과 운명을 제대로 만들어주지 못했다고 비난했었다. "아빠 엄마는 그냥 내가 원하는 건 뭐든지 하게 내버려뒀잖아요. 이제 당신들이 어떤 난장판을 만들어냈는지를 봐요."

그때는 또한 가브리엘이 자신의 병을 트라우마와 배신으로 새롭게 설명했던 시점이기도 했다. 가브리엘은 크리켓에 대한 짝사랑 이야기를 대신해서, 거리의 갱단과 대적했을 때 친구들이 휘두른 타이어 지렛대로 머리를 맞았다는 이야기를 더 정교하게 발전시켜 나갔다. 스케이트보드를 타다 생긴 "거리의 상처"와 긁힌 자국에 대해 불평을 이야기한 것을 제외하고는 우리는 이런 종류의 외상적 사건들에 대한 어떤 증거도 찾지 못했다. 가브리엘이 우리에게 기억하길 원했던 24시간 동안의 혼수상태도 우리는 전혀 몰랐다. 이러한 종류의 기억은 이후에 무엇이 그를 괴롭히는지를 알아내려고 할 때 주요 쟁점이 되었다. 이 외상에 대한 기억은 자신의 병이 조현병이 아니라 외상후증후군이라는 가브리엘의 주장을 뒷받침하는 근거였다. 외상후증후군은 가브리엘이 선호했던 진단명이었다. 왜냐하면 그렇게 했을 때 가브리엘은 친구들을 배신자로, 부모를 방임과 유기로 비난할 수 있기 때문이다. 외상후증후군은 사회적으로 더 받아들이기 쉬운 병이기도 했다. 당시 이라크와 아프가니스탄에서 돌아온

군인들은 모두 그 병을 앓고 있었기 때문이다. 정신장애가 널리 유행하고 있다는 신문의 선명한 헤드라인은 가브리엘이 영화 〈광기의 대화〉에서 몽타주 기법으로 삽입한 것이기도 하다. 무엇보다도 외상후증후군이라는 진단명은 그가 크리켓에 대한 이야기를 머리에 부상을 입은 이야기로 대체하기 쉽게 했다. 크리켓에 대한 짝사랑을 자신의 내면과 정신, 영혼으로부터 밀어내고 외부의 상황과 자신을 일치시키는 방법이었던 것이다. 가브리엘은 짝사랑으로 무너진 마음을 무너진 머리로 대신하면서 자신의 병을 생리적이고 외상적으로 설명하고 있었다.

우리는 여러 명의 정신치료사를 만나면서 "취약한 양육으로 악화된 미성숙"(B박사), "조울증", "경계성 인격장애", "학습장애", "분열형 인격장애", "조현병"과 같은 다양한 꼬리표를 얻었다. 편집증과 환청을 수반한 "사고 장애"(L박사)가 가장 일반적인 용어인 것으로 보였다. 1994년에 가브리엘이 입원한 후부터 나쁜 일은 연달아서 일어났다. 할로페리돌을 복용한 이후 우리 모두에게 우울한 시기가 찾아왔다. 우리는 모두 가브리엘과 함께 물속에 깊이 잠겨 있는 것 같은 느낌이었다.

이러한 진단명들에 대해 무슨 말을 해야 할까? 각각의 꼬리표는 전형적인 사례사를 수반한다. 정신병의 특수한 형태의 일반적 요건들을 충족하는 "질병의 그림"을 말이다. 그러한 꼬리표는 모두가 그 개인을 그렇게 바라보게 되는 일종의 치명적 가림막 혹은 창살이 되고, 그래서 그의 운명이 되고 만다. 광기란 어떤 것을 세상에 존재하는 명확한 것으로 보는 문제라기보다는, 꼬리표와 행동에 대한 담론으로서 보는 문제다. 여기에는 그

담론을 듣고 서술하고 이야기하는 모든 것이 포함된다. 진단이 내려질 때마다 우리는 혼란스러웠다. 이것이 최종 진단일까? 이제 마지막까지 온 것인가? 무엇을 기대할지 알기 위해 『정신질환 진단 및 통계 편람』을 읽어야 할까? 어디를 봐야 무엇을 해야 할지에 대해서 알 수 있을까? 그의 병에 이름을 붙이는 것은 일종의 일시적 완화효과를 주는 것처럼 보였다. 마치 꼬리표가 어떤 통제력을 주는 것처럼. 우리의 삶은 안으로 휘감기는 소용돌이와 같았다. 우리의 사회생활은 확장되고 있었지만, 우리의 사교 생활은 친구 몇 명과 친척 몇 명으로 한정되면서 갈수록 좁아지고 있었다.

8

"이제 미래가 없어"

이 말은 가브리엘이 죽은 날 재니스와 내가 부둥켜안고 흐느끼면서 뱉었던 첫 번째 말이었다. 우리는 처음에는 알아들을 수 없는 소리를 내면서 울었다. 저 말은 내 슬픔의 핵심이다. 어떤 미래인가? 누구의 미래인가? 물론 가브리엘의 미래와, 나, 재니스, 그리고 카먼의 미래다. 내가 가브리엘에게는 "현실원칙"을 보여주는 부정적 역할을 담당하긴 했었지만, 우리 부자의 관계는 깊은 변화가 있었고 우리는 그 변화를 소중하게 여겼었다. 그리고 그 때문에 나는 여느 성인 아들의 부모와는 다른 미래를 꿈꿀 수 있었다. 실상 가브리엘은 오래전부터 내게는 아들이라기보다는 절친에 가까웠다. 우리는 참으로 많은 걸 공유했다. 우리는 마이클 조던을 거의 숭배하다시피 했고, 그의 위업을 종교적으로 찬양했다. 우리는 영화와 관계된 농담과 게임을 끝없이 주고받았다. 우디 앨런 영화에 나오는 "나는 지금 농담을 하는 것도, 설교를 하는 것도 아니야."와 같은 시시한 클리셰와 인용들이 우리가 가장 즐겨했던 대사였다. "내가 이 시점에 좀 끼어들어도 될까?"라는 대사도 마찬가지였다.

우리는 영화 대사를 인용하되 어느 영화인지 맞추는 것이 아니라(이건 우리에게 너무 쉬웠다) 계속해서 영화 대사만으로 대화를 이어가는 게임을 만들어냈다. 예를 들면, "네가 북군이면 배지를 보여라."라는 유명한 대사에 대한 원래 대답은 "배지라고? 우리는 그따위 썩어빠진 배지는 필요 없어!"이다. 이 유명한 대화는 담뱃불을 붙이려고 할 때 재치 있는 대화로 바뀌곤 했다. "가브리엘, 성냥 있어?" "성냥이라고? 나는 그따위 썩어빠진 성냥은 필요 없어!" 이런 대화는 재니스와 내가 기억하지 못하는 가브리엘의 기억에 대해 논쟁하는 도중에도 갑자기 튀어나와서 긴장감을 누그러뜨려주곤 했다. 〈어 퓨 굿맨〉에서의 톰 크루즈 역할을 내가 하고 잭 니콜슨 역할을 가브리엘이 하는 것 같은 상황이 된 것이다. "가브리엘, 내가 원하는 건 진실뿐이야." "진실이라고? 진실? 당신은 진실을 감당할 수 없어!"라고 말이다. 침울하고 긴장된 침묵의 순간이 순식간에 웃음으로 바뀌는 순간이었다. 내가 가브리엘을 정신치료를 받게 하려고 시도하면 가브리엘은 이렇게 말하곤 했다. "그래서, 노노 박사. 당신은 내가 말하기를 기대하는 거요?" 여기에 대한 영화의 대사는 "아니요, 본드 씨. 나는 당신이 죽기를 기대하오."이다. 또 우리는 영화 속 상황에 있는 것처럼 말하곤 했다. (〈선셋대로〉를 떠올리며) "잠깐. 당신은 내가 아는 사람인 것 같은데? 당신은 가브리엘 미첼이잖아. 예전에는 덩치가 컸었는데." 그러면 가브리엘은 대답했다. "나는 지금도 덩치가 커. 그때는 사진이 작았던 거지."

　일상적 상황을 영화에 나온 상황으로 다시 바꾸는 것은 특히 가브리엘이 가진 최고의 기술이었다. 가브리엘은 우리의 영리한 저먼 셰퍼드 C.C.와 대화하는 상황을 연출하는 걸 좋아했다. C.C.는 너무 영리한 나머지 쓰레기를 꺼내려고 싱크대 아래 수납장 문을 열어서 둔한 래브라도 루시가 야단맞도록 만들기도 했다. 가브리엘은 C.C.에게 앉으라고 하고는 자신을 쳐다보는 C.C.에게 "말해, 개자식아[독일어 'Schweinhund'로 말하고 있는데, 저먼 셰퍼드 종이기 때문이다. ─옮긴이]. 말해!"라고 말하고는 "당신도 알고 있겠지만 우리는 당신이 말하게 할 수 있는 방법을 가지고 있지."라는 대사를 독일어 발음으로 읊었다. 가브리엘은 시카고 대학의 시내 캠퍼스에서 열리는 영화 수업에 푹 빠져 있었기 때문에 우리의 영화 대사 게임에서는 거의 변함 없이 이기곤 했다. 가브리엘은 히치콕과 알모도바르, 부뉴엘, 스코세이지, 큐브릭, 코엔 형제에 대한 수업을 들었다. 하지만 최고의 아들에서 절친으로의 관계 변화보다 더 중요한 변화는 비록 잠시 동안이었지만 우리가 환자와 보호자의 역할을 서로 바꿨던 때에 찾아왔다. 2010년 겨울에 나는 등을 다쳐서 6주간 휠체어 신세를 져야 했다. 그리고 그때 가브리엘이 나를 돌봐주었다. 가브리엘은 학교까지 운전을 해서 나를 데려다주고, 매체 이론에 대한 내 수업의 대형 강의실까지 휠체어를 밀어주었다. 그리고 내가 휠체어에 앉아서 강의를 하는 동안에도 교실을 떠나지 않고 있다가 집으로 다시 돌아오는 길에 강의 내용에 관한 이야기를 주고받기도 했다.

　가브리엘은 나와 역할이 역전되는 상황을 즐겼다. "아빠, 조심해요. 무리해서 그거 들려고 하지 마세요." 하고 말했다. 가브리엘은 "현실원칙"을 자신이 실행했다. "가서 쉬세요. 개들은 제가 산책시킬게요." 이런 상황은 가브리엘이 스스로를 책임감 있고(실제로도 그랬지만) 강인하게 느껴지게 만들었다. 이럴 때 가브리엘은 놀랄 만큼 사려깊고 다정했다. 나 또한 기분이 좋았다. 나는 가브리엘에게 기대서 사람들한테 "내 아들은 황소처럼 튼튼해." 하고 자랑하기를 좋아했다. 그리고 이러한 역할 역전은 육체적인 것 이상이었다. 가브리엘은 나의 자문관이자 영적인 조언자였다. 우리가 프랭크 로이드 라이트의 '폴링워터'를 보러 서부 펜실베이니아로 함께 여행을 갔을 때 가브리엘은 나의 인생에 대해 상담해줄 수 있는 기회를 갖게 되었다. 나는 늙어가는 것에 대한 우울감에 사로잡혀 있었다. 내 경력도 거의 막바지에 이르고 있었다. 가브리엘은 프랭크 로이드 라이트도 바로 당시 내 나이(70대가 가까워 오는)에 '폴링워터'를 설계했다는 사실을 지적하면서, 라이트의 경력은 그때가 시작에 불과했다고 말했다. "아빠한테도 똑같아요. 아빠는 막바지에 이른 게 아니라 최고의 성취를 이룰 수 있는 문턱에 계신 거예요." 나는 시카고 대학에서 은퇴해 가브리엘과 함께 영화제작 회사를 차리는 것에 대해서도 생각해보았다. 제발 그렇게 할 수만 있었다면 얼마나 좋았을까! 나는 이렇게 아버지와 친하게 지내는 성숙한 아들이 있다는 게 얼마나 행운인지에 대해 은밀하게 기뻐했다.

다른 사람들은 자식들이 먼 곳에서 사회생활을 하느라 떨어져 사는 경우가 대부분인데 말이다. 가브리엘이 나를 보살펴주는 미래를 생각하면서 깊은 위안을 얻는, 은빛 희망으로 가득한 순간들이었다.

나에 대한 가브리엘의 낙관론이 정말로 옳았는지는 잘 모르겠다. 하지만 가브리엘의 말은 정말로 가브리엘에게 딱 맞아떨어진다고 나는 확신했었다. 가브리엘이야말로 최고의 성취를 이룰 문턱에 있었다. 가브리엘은 웅대한 꿈과 야망에 들어맞는 무언가를 이룰 수 있으리라. 가브리엘은 생의 마지막 6개월 동안 다 주얼에서 계속 일하면서도 학교에 복학을 했다. 그리고 너무 많은 걸 한꺼번에 하는 것이 아닌가 하는 우리의 걱정을 일소했다. 디지털 영화편집을 완전히 터득하려는 가브리엘의 끈질긴 인내심은 새로운 영화를 빠르게 제작하는 능력으로 발현되었다. 이 영화들에는 빌 에이어스의 회고록 『탈주의 나날』을 낭독하는 목소리가 보이스오버 되면서 1968년의 시카고 거리가 멋지게 조망되는 장면들도 있다.

가브리엘의 능력이 꽃피면서 "정상적" 세계의 사람들과 연결되는 동시에 (그다지 정상적이지는 않지만) 정신보건 시스템 바깥의 연극, 시, 음악, 영화, 정치적 행동주의의 사람들과도 연결되는 것을 보면서 나는 가브리엘이 조현병을 드디어 이겨냈다고 생각했고, 그렇게 경솔하게 말하기도 했었다. 〈광기의 대화〉는 "정신질환을 안과 밖에서 보여주려는" 노력이라는 측면에서 참으로 보석 같은 소품이라는 점이 지금도 놀랍다. 나는 그의 이 작품을 "광기를 바라보기"라는 2011년 강의의 인트로로 사용했다. 나는 가브리엘이 계획하고 있던 백과사전적 ‹광기의 역사› 영화의 배경으로 "광기의 지도"를 제작해 달라고 부탁했고, 그가 완성한 것을 내 강의의 오프닝으로 썼다. 가브리엘이 자신만의 '매드 프라이드'를 긍정하기 시작하면서 장애인과 정신장애인을 위한 활동가로 커밍아웃하자, 나 자신도 가브리엘의 야망에 함께 휩쓸렸던 것 같다. 나는 가브리엘에게 "네가 아픈 아이라고 생각하지 마."라고 말했었다. "넌 네 모든 꿈과 희망을 성취하는 길에 들어선 거야." 하고. 나는 그와 이야기할 때 "웅대한"이라는 단어를 쓰지 않으려고 노력하면서 대신 가브리엘이 참여해 달라고 요청했던 그 불가능해 보이는 프로젝트를 함께 하기 시작했다. 기이하게도 나의 낙관주의에 대해 가브리엘이 뭐라고 했었는지 지금 전혀 기억할 수가 없다. 그저 생각나는 것이라고는 어깨를 한 번 으쓱하고는 조용히 미소짓는 가브리엘의 얼굴뿐이다. 그건 현실로 돌아오라는 가브리엘 특유의 몸짓이었다.

내가 너무 과했던 걸까? 내 낙관주의가 항정신병 약물 복용을 줄여도 될 것 같다는 그의 생각에 기여했을 수 있을까? 가브리엘은 약을 먹으면 계속 멍해지기 때문에 복용을 싫어했다. 그는 생생하고 기민하게 현재에 충실하고 싶어 했다. 블록버스터 노상강도 코믹 다큐멘터리 ‹다 주얼스›라는 아이디어는 성공한 영화감독 친구들 중 하나인 프라샨트 바르가바의 관심을 끌었다. 그래서 가브리엘은 영화 시나리오를 준비하는 데에 최선을 다하려고 했음을 우리는 알고 있다. 하지만 이 때문에 조현병에서 잘 알려진 그 끔찍한 "에베레스트 모멘트"로 가브리엘이 한

걸음씩 다가갔을 수도 있다. 즉 조현병을 물리쳤다는 느낌이 그의 마음을 놓게 해서 약을 점차 줄여가게 했던 것이다. 조현병은 그가 약해지는 순간만 기다리면서 악마처럼 숨죽이고 있다가, 마지막 순간에 절벽 모서리로 그를 유혹해 결국 추락하게 한 것이다.

가브리엘은 비행과 추락의 이미지를 ‹광기의 대화›를 구조화하는 행위로 다루었다. 영화는 가브리엘이 멍하게 응시하면서 몽유병자처럼 걷는 자신을 클로즈업하며 시작된다. 마리나 시티 루프탑의 모서리를 위태롭게 걷는 자신을 핸드헬드 카메라로 찍고 있다. 날카롭게 울부짖는 듯한 배경음악은 재니스가 작곡한 윌리엄 블레이크의 ‹광기의 노래›(“빛이 나의 머리를 미칠 듯한 고통으로 붙잡아 흔드네…”) 합창곡의 일부이다. 가브리엘이 루프탑의 모서리로 가면, 카메라는 시카고의 도시 경관을 보여준다. 그러다가 돌연 양팔을 활짝 벌린 예수의 형상을 보여주는 세 이미지가 등장한다. 하나는 상의를 벗고 있는 짐 모리슨의 모습이고, 다른 하나는 멜 깁슨의 영화에 등장하는 십자가에 매달린 예수의 모습이며, 나머지는 마이클 조던의 “날개” 포스터이다(이 포스터에는 “어떤 새도 자신의 날개로 난다면 높이 날 수 없다”는 블레이크의 말이 캡션으로 달려 있다). 그리고 이 이미지들은 ‹바닐라 스카이›의 마지막 부분에 톰 크루즈가 양팔을 활짝 펴고 고층건물에서 뛰어내리는 장면 사이사이에 삽입되어 있다. 그 영화에서 톰 크루즈가 죽음을 무릅쓰고 뛰어내린 이유는 극저온 인큐베이터의 꿈꾸는 상태로부터 해방되어 현실세계에 “눈을 뜨기” 위해서였다. ‹광기의 대화›의 첫 번째 대중 시사회였던 "광기를 바라보기" 세미나에서 학생들은 이 인물들의 의미에 대해 가브리엘에게 질문을 던졌다. 그는 "공포이자 위안"의 상징이라고 대답했다. 공포란 자살에 대한 것이며, 위안이란 이 영웅적 "친구들"과 함께할 수 있다는 사실에서 오는 감정이라고 말했다.

가브리엘이 자신을 괴롭히는 목소리들의 고통으로부터 도피하기 위해 뛰어내렸는지, 아니면 (〈바닐라 스카이〉에서처럼) 또 다른 차원으로 깨어나기 위해 그랬는지 우리는 영영 알지 못할 것이다. 지금 우리가 알고 있는 사실이라고는 2011년 가을에 가브리엘이 조현병을 물리치기 직전인 것처럼 보였던 그 순간에 자신의 영화적 우상인 카메론 디아즈에게 착란적 편지를 쓰고 있었다는 사실이다. 〈광기의 대화〉에서 가브리엘은 어린이, 군인, 연쇄살인범들의 정신장애에 대한 신문의 헤드라인을 몽타주한 다음 카메론 디아즈의 얼굴을 비춘다. 그의 보이스오버는 격앙되어 떨리고 있다. 가브리엘의 마지막 생각과 감정은 희망이거나 절망이었을 수 있다. 비행의 환상에서 오는 희망이나, 망각으로 뛰어드는 것에 대한 절망이었을 것이다. 하지만 우리에게 위안은 없다. 오직 공포만이 있을 뿐.

그 아이는 자신만을 위해 살기에는
너무 강인했다

머리가 비상한 개인이 조현병을 앓을 때 찾아볼 수 있는 흔한 특징들 중 하나는, 자신의 강한 의지로 조현병을 극복할 수 있다고 굳게 믿는다는 사실이다. 영화 〈뷰티풀 마인드〉에서 천재 수학자 존 내쉬가 묘사되는 방식도 그러하다. 여기에서 광기의 "회복"은 자신의 환각이 현실이라는 사실을 더 이상 믿지 않기로 하면 되는 아주 단순한 문제처럼 다루어지고 있다. 내쉬는 상상의 친구들에게 이제 가버리라고 말하며, 그러자 그들은 마법처럼 실제로 사라진다. 그보다 더 적절한 설명은 엘린 삭스의 자서전 『중심은 유지될 수 없다』에서 찾아볼 수 있다. 실상 삭스가 극복해야 했던 가장 중요한 망상은 자신의 상황으로부터 논리적으로 벗어날 수 있는 길을 본인이 찾을 수 있을 것이라는 그녀의 믿음이었다. "나는 내 병을 규명하고 또 극복할 수 있다고 생각했다. 내 문제는 내가 미쳤다는 사실이 아니었다. 내가 나약하다는 사실이었다(167쪽)."

　　이것은 가장 오래된 심리학의 클리셰이기도 하다. 자신에게 문제가 있다는 사실을 부인하는 것이 극복하기 가장 어려운 최초의 문제인 것이다. "죄의 자각", 즉 스스로의 죄를 받아들이고 은총을 청하는 프로테스탄티즘 교리에서처럼, 자신에게 진단이 필요하고 의지나 소망만으로는 자신의 삶에 닥친 이 문제를 해결할 수 없다는 인정이야말로 성공적 치료의 전제조건이다. 또한 치료의 "성공"이라는 것도 몹시 복잡한 문제다. 정상성과 정신건강이라는 개념은 광기라는 개념만큼이나 모호하고 모순적이기 때문이다. 조현병의 경우 최선의 성공은 자신의 상태가 '고쳐질 수는 없지만 치료할 수 있고 그렇게 병을 안고 살아갈 수 있다'는 사실을 받아들이는 것이라고 할 수 있다. 자신이 계속적으로 스트레스를 받지 않도록 조심해야 하며 경고 신호가 울리는 상황(예를 들어 치료사가 바뀌는 순간)에 깨어 있어야 한다는 사실을 받아들였을 때에 비로소 그녀는 조현병을 극복하기보다는 조현병을 관리하면서 살아가게 되었다. 약물복용의 필요성이 결코 사라지지 않을 것이라는 사실을 받아들이자 그녀는 성공적 삶이라고 할 수 있는 길로 한걸음 나아갈 수 있게 되었다. 예술과 문화의 역사가였던 독일인 아비 바르부르크도 정신병원에서 5년을 감금되어 있다가 퇴원한 후, 자신을 "망령" 혹은 귀신이자 "불치병 환자"라고 규정하면서 이승의 삶을 위해 세상으로 다시 돌아올 길을 찾아냈다고 말한다. 근대 유럽에서 조현병의 가장 유명한 환자가 된 판사 슈레버도 감금에서 해방되기 위해 싸웠다. 그를 속인 것은 바로 자신의 글과 법적 추론이었다. 그의 정교한 망상의 체계는 여전히 건재했고, 20세기에 1인칭 시점으로 쓰인 가장 유명한 광기 서사의 핵심이 되었다.

가브리엘은 자신만을 위해 살기에는 너무 강인했다. 그의 치료사들은 모두 가브리엘이 스스로를 "고급져 보이게 하는" 능력이 있다고 입을 모아 말했다. 가브리엘은 조현병 환자의 전형적 이미지인 분노하고 망상에 가득 차 있으며 강박적이고 총체적 난국에 빠진 이미지와는 거리가 멀었다. 그런 이미지는 오직 우리에게만 보여줬을 뿐이었다. 가브리엘은 자신을 멋지게 꾸밀 줄 알았다. 그는 열심히 운동하고, 사이클을 타거나 스케이트보드를 즐기고, 항상 계단 오르내리기를 하고, 헬스클럽에도 정기적으로 가서 운동을 하면서 조현병 약물의 부작용인 비만을 이겨냈다. 가브리엘의 아파트는 늘 깨끗했으며, 책과 테이프와 DVD들은 모두 논리적으로 정돈되어 있었다. 가브리엘의 책상은 스케치 도구와 재료들을 언제든 쓸 수 있도록 주의깊게 정리되어 있었다. 물론 그럼에도 불구하고 그 공간은 조현병의 가장 흔한 약물이라 할 수 있는 담배 냄새로 늘 절어 있었다.

사교적이고 인기 있는 사람의 모습은 조현병의 고정관념과는 맞지 않는다. 가브리엘은 미술 전시회 오프닝이나 하우스 파티, 환영회 같은 곳에서 마치 기술 좋은 정치인처럼 자신의 명함을 건네며 새로운 사람들을 만나고 대화를 하면서 공간을 누비곤 했다. 그의 행동 어디에도 냉소주의나 기회주의의 흔적을 찾아볼 수 없었다. 다른 사람들의 얼굴과 목소리를 생생하게 마주하는 것은 그를 고통스럽게 하던 파괴적인 내면의 목소리에서 벗어날 수 있게 해주었다. 하지만 가브리엘은 사교적이고 타인에게 잘 공감했음에도 불구하고 여전히 세상에서 끔찍이 외로운 상태로 살아갔다. 그리고 사람들이 약속에 나타나지 않거나 마지막 순간에 약속을 취소하면 비통한 심정으로 불평하곤 했다. 아마도 그들은 자신들이 가브리엘에게 가하고 있는 고통을 알지 못했으리라. 가브리엘이 죽은 후 많은 사람들이 우리에게 와서 가브리엘이 얼마나 자신들에게 다정했고 섬세하게 신경써줬는지를 이야기해주곤 했다(이런 일화들을 서술하면서 가장 자주 등장한 수식어는 "다정한", "열정적인", "영리한", "마음이 열려 있는"과 같은 단어들이었다). 우울증을 앓고 있던 어떤 친한 친구는 가브리엘과 함께했던 하루에 대해 이야기해주었다. "우리가 나눈 대화는 내게 하루를 시작하고 끝맺는 신호와도 같았어요. 나중에 우리는 보험회사에서 우리한테 돈을 오히려 줘야 한다고 이야기하곤 했죠. 우리가 서로를 치료해주었으니까요. 그리고 나더러 댄스용 신발을 꼭 사야 한다고도 가브리엘은 말했어요." 가브리엘은 실로 소소한 대화부터 삶의 의미에 관한 이야기까지 유연하게 대화를 이어갈 줄 알았던 것이다.

가브리엘을 알고 지낸 많은 사람들은 가브리엘이 정신장애를 앓고 있다는 사실을 전혀 인지하지 못했다. 가브리엘의 극심한 증상 발현은 친밀한 가족에게만 거의 한정되어 있었다. 가브리엘은 가족에게는 자신의 분노와 절망과 과대망상을 거리낌 없이 드러낼 수 있었다. 하지만 심지어 가족에게조차 그는 자신의 고통의 깊이를 숨기려는 경향이 있었다. 내가 가브리엘에게 기분이 어떤지를 물으면 "그러는 아빠는 기분이 어떠신데요?" 하고 응수하기 일쑤였다. 내가 가브리엘에게 요즘도 악몽을 꾸고 있는지를 물어보면 그는 화제를 전환하면서 대답을 피하거나, 아예 거꾸로 악몽이 너무 심하다면서 벌레들한테 갈가리 찢겨서 먹히는 꿈을 생생하게 묘사하곤 했다. 지옥의 고통에 대한 보스Hieronymus Bosch의 음산한 묘사에 상응하는 환영이었다.

내 생각에 가브리엘은 이중적 방어 메커니즘에 몰두하고 있었던 것 같다. 자신을 괴롭히는 악마들로 가득한 판도라의 상자를 열지 않으려고 온힘을 다해 스스로를 방어하면서도, 자신의 고통의 강도를 숨기고 모든 것이 다 괜찮다고 확신시킴으로써 우리를 방어해주려고 했다. 가브리엘은 약물복용의 필요성을 겨우 받아들인 후에도 진지한 대화 치료에 참여하는 건 끈질기게 거부했다. 가브리엘은 수동적인 "로저리안" 스타일의 치료를 선호했다[사람 중심의 심리상담을 정립한 칼 로저스의 상담기법을 칭함.—옮긴이]. 이 치료시간에는 치료사에게 질문 받지 않고서도 상담시간 내내 자기 이야기를 늘어놓을 수 있었다. 치료사의 역할은 그저 주기적으로 "음, 그렇군요"를 반복하기만 하면 된다. 가브리엘은 이 상담기법에 대해 복잡한 감정을 가지고 있었다. 때로는 영혼 없이 직업적으로 "걱정"하는 말들("오늘은 기분이 어떻죠?"라든가 "그때 어떤 느낌이었죠?"와 같은 클리셰들)을 흉내 내면서 경멸하기도 했고, 다른 때에는 그것이 제한적이지만 이점이 있는 것 같아서 스스로에 관해 이야기하는 것에 전혀 문제가 없어졌다고 기꺼이 인정하기도 했다. 가브리엘은 자살을 생각해본 적이 있냐는 질문에 대해 단호하게 거부하면서, 자신은 절대로 그런 짓을 하지 않을 거라고 의사들과 우리들을 안심시켰었다.

그와 동시에 가브리엘의 영화 대본은 자신을 놀라운 정신적·육체적 강인함을 소유한 슈퍼히어로이자 어두운 힘과 배반과 박해의 피해자라는 이미지로 묘사하고 있었다. 〈꿈의 정치학〉이라는 대본에서 가브리엘은 자신의 분신을 두 가지로 나누고 있다. 한쪽에는 평생의 업적으로 아카데미 상을 수상하기 직전인 유명한 할리우드 영화감독이자 배우인 '애비'라는 인물이 있다. 그는 걸작 〈양자 기하학: 평화의 통합물리학〉을 완성하는 중이다. 다른 한쪽에는 "편집증자이자 피해망상증자"인 실패한 작가인 동시에 마약중독자인 '조지'가 있다. 조지는 애비의 영화 취향과 성공을 경멸한다. 그리고 애비가 〈카사블랑카〉를 〈시민 케인〉보다 더 나은 영화라고 생각하는 것에 대해 분개한다. 애비는 영화를 대중문화로 보는 "산업적" 시각을 대변한다. 반면에 조지는 스스로를 오손 웰스와 동일시하는 좌절한 '작가주의 감독'으로 묘사한다. 애비가 가브리엘의 웅대한 야망의 투사라면, 조지는 무시무시한 악몽에 시달리고 자살을 강요하는 내면의 목소리에 쫓기는 자신의 실제 고통을 보여주는 인물이다. 조지는 애비가 오스카 시상식의 레드 카펫을 걸을 때 그를 암살하려고 시도하며, 그 때문에 애비는 혼수상태에 빠지게 된다.

〈꿈의 정치학〉의 이야기에서 흥미로운 지점은 애비가 혼수상태에서 깨어나 자신을 암살한 조지를 용서하기로 하고 병실에 조지를 초대해서 함께 시간을 보내는 장면에서 드러난다. 조지는 죄수를 묶는 구속복을 입고 등장하며, 둘은 함께 애비가

감독한 영화들을 보여주는 회고 영상을 시청한다. 그 영화들은 할리우드에 알려진 모든 장르들(웨스턴, SF, 느와르, 심리스릴러, 법정 드라마, 권투, 공룡, 경찰수사물, 심지어 ‹이지 라이더›를 모델로 하는 오토바이 타는 건달 영화까지)를 총망라하고 있다. 모든 영화는 "할리우드식 엔딩"으로 끝나는데, 애비는 늘 카우보이, 우주비행사, 탐정, 과학자, 혹은 소녀를 구출하면서 세상을 구원하는 예수의 형상으로 나온다. 조지는 애비의 성공을 마구 비웃으면서 이 상투적인 영화들은 상업적 문화 산업의 쓰레기들이라고 비난한다. 그러고 나서 조지는 자신이 사실은 시나리오 작가라고 말한다("내 시나리오는 꿈을 찍어내는 공장이 아니라 진짜 세상에 존재하는 것들에 대한 것이오."). 그리고 애비는 조지에게 영화로 성공하기 위해서 어떻게 관객들에게 영합해야 하는지에 대한 강의를 해준다.

애비의 회고 영상이 방영되는 동안 조지는 애비를 끝장내기 위해서 몸부림을 쳐서 구속복에서 나오게 된다. 그리고 애비의 목을 조른다(물론 애비는 나중에는 예의 할리우드식 엔딩으로 회복될 것이다). 그리고 발을 묶고 있는 족쇄를 끊기 위해서 자신의 다리를 절단하고 병원에서 도망친다. 그리고 하수구에서 다리를 질질 끌며 기어가다가 코카인을 거래하는 곳에서 고꾸라져 죽어서 시체안치소로 옮겨진다. 하지만 거기에서 작은 기적이 일어난다. "신비로운 날파리가 조지의 머리칼에서 기어나온다." 그리고 조지의 눈썹 한가운데에서 탈출구가 열리면서 작은 미니어처 조지가 기어나와 파리에 올라탄다. 파리는 "작은 페가수스"처럼 날아서 다시 조지를 애비에게 데려간다. 마침내 조지는 애비의 보이지 않는 친구가 되어 정령처럼 애비의 어깨에 올라타 세상을 여행한다. 이 대본은 애비가 조지의 무덤에서 조지를 기리는 연설을 하는 것으로 끝난다. 왜냐하면 "카우보이처럼 달리던 조지가 전기파리채로 직행해서" "즉시 튀겨졌기" 때문이다.

나는 애비와 그의 사악한 분신인 조지에 대한 가브리엘의 대본을 읽으면서, 위대함에 대한 그의 망상과 동시에 그의 고통의 현실성을 조심스레 엿보게 된다. 어떤 의미에서 그 둘은 가브리엘 안에서 치열하게 싸웠을 것이다. 가브리엘은 정신분석의 대화를 영화에 대한 논쟁으로 바꾸어놓았다. 비록 대본의 형태로만 표현된 논쟁이지만 말이다. 정신분석의 '말하기 치료'는 시나리오 작가의 딜레마가 된다. 대중을 위한 환상을 제공하려 하지만 잘 팔리지 않고 환영받지 못하는 현실을 보여주려는 딜레마이다. 이 현실은 시나리오 작가를 죽음으로 이끄는 냉혹한 현실이다. 가브리엘과 나는 한때 "야외촬영" 영화에 대한 세미나를 여는 아이디어에 관해 이야기한 적이 있었다(코엔 형제의 〈바튼 핑크〉와 빌리 와일더의 〈선셋대로〉가 우리가 제일 좋아하는 영화였다). 영화의 모든 장르를 통합하고 있는 〈꿈의 정치학〉은 그 자체로 메타영화라 할 수 있겠다.

가브리엘은 카먼을 만나러 로스엔젤레스로 가서 카먼의 친구들인 배우, 감독, 영화기술자, 시나리오 작가들과 어울리곤 했었다. 카먼도 시나리오를 쓰고 연극 연기를 하고 있었고, 낮에는 '작가 조합'에서 일을 했다. 모두가 자신의 책을 기획하고 있는 학자들의 세계에서와 마찬가지로 할리우드에서는 모두가 자신이 쓴 시나리오를 겨드랑이에 끼고 다녔다. 대화는 자연스럽게 누가 할리우드의 내부자와 "미팅을 해서" 계약을 하고 명성과 부를 손에 쥐게 될 수 있는지에 관한 이야기로 향했다. 그곳은 위대한 작품에 대한 망상이 거의 완벽하게 정상으로 여겨지는 꿈의 정치적 장이었던 것이다. 카먼은 가브리엘의 환상과 그 꿈의 산업에서 일하기를 꿈꾸는 집단적 환각상태가 똑같다고 말했다.

가브리엘이 죽은 날, 가브리엘이 내게 전화로 했던 마지막 말은 나를 향한 비난이었다. "아빠는 내 시나리오를 한 번도 읽은 적이 없잖아요." 물론 나는 이 사실을 부정했다. 하지만 그 무섭도록 잊히지 않는 비난에는 일말의 진실이 담겨 있었다. 나는 지금 내가 읽듯이 그의 시나리오를 읽을 수가 없었다. 지금은 가브리엘이 평생 투쟁한 사후 기록으로서 그의 글을 읽는다. 하지만 그때 나는 내 아들의 계속되는 삶이라는 관점에서 아버지이자 보호자로서 그의 시나리오를 읽었다. 지금 내가 가브리엘의 시나리오를 읽는 방식은 그때보다 더 분류하기가 어렵다. 이것은 애도의 행위인가? 그가 살아 있을 때 그가 원하는 방식으로 그의 글을 읽어주지 못한 것에 대한 참회의 행위로서? 아니면 나는 이제 내가 늘 하듯이 학자로서 "독해를 하는" 방식으로 자유롭게 읽고 있는 것인가? 다른 천재적 조현병 환자들이 제공했던 환상적 증언의 사례들과 연결시키면서? 나는 지금 가브리엘과 그가 앓았던 병을 이해하기 위해 그의 글을 읽고 있는가? 아니면 그의 병 너머에 있는 무언가를 찾기 위해 읽고 있는가?

가브리엘이 내게 〈꿈의 정치학〉 시나리오를 보여주었을

때, 물론 나는 조지라는 섬뜩한 인물에 혼란스러웠던 동시에 '위대한 애비'라는 자신의 투사된 이미지가 다소 짜증나기도 했다. 둘은 모두 가브리엘의 자아 이미지의 면면들을 보여주는 형상들이기 때문이다. 혹은 자신의 성공적 아버지를 우스꽝스럽게 표현한 것인지도 모른다. 나는 그 시나리오를 그저 징후적으로 독해했을 뿐이었던 것 같다. 사실 그것은 읽은 것이라고 할 수도 없으며, 단지 증상의 확인을 위해서만 텍스트를 읽는 행위일 뿐이었다. 그것은 케네스 코흐가 "생일 파티에서 피부과 의사가 되는 것"과 다름없다고 말했던 방식이다. 그는 이런 식으로 시를 읽어서는 안 된다고 우리에게 경고했었다. 나는 우리 모두가 독자로서 이런 충동과 싸우고 있다고 생각한다. 게다가 누군가의 글을 마치 "징후인 것처럼" 읽거나 듣는 것은 아주 오만한 독해일 수 있다. 마치 무능한 정신분석가가 환자에게 "그 말은 당신의 병적인 과대망상의 산물이군요."라고 자신의 생각을 뒤집어씌우듯이 말이다. 최악의 경우는 정신병 발작을 겪고 있는 사람에게 "당신은 지금 정신병 발작을 겪고 있습니다."라고 말하는 것이 될 것이다. 물론 그것이 유일한 진실이기 때문에 사람들은 종종 침묵하거나 거짓말하거나 말을 돌린다. 그뿐만 아니라 징후적 독해는 텍스트를 너무 빨리 종결시키면서 꼬리표를 붙여버리는 행위로 보인다. 예를 들어, 이건 조현병의 증상(에 불과한 것)이야, 하고 말이다. 증상과 공감 사이의 선은 어디에 있는 것인가? 나는 그때 그걸 몰랐고, 사실 지금도 잘 알지 못한다.

물론 가브리엘의 시나리오가 시나리오 작가로서의 발전

가능성을 보여주는가에 대한 질문도 있었다. 가브리엘이 자신의 시나리오를 내가 인정해주고 또 내 오랜 친구인 헨리 루이스 "스킵" 게이츠 주니어에게 보내달라고 요구했을 때 내가 대답을 얼마나 회피했었는지를 생각하면 지금도 가슴이 아프다. ("스킵"이라는 그의 예명은 ‹뿌리를 찾아서›라는 텔레비전 시리즈를 감독한 하버드 교수로 알려져 있다. 하지만 그는 또한 가브리엘의 ‹꿈의 정치학› 시나리오에서 애비의 절친이자 영화감독으로 중요한 역할을 하는 인물로 등장한다.) 스킵은 실제로 가브리엘에게 용기를 북돋우는 편지를 써주었고, 가브리엘은 그 편지를 소중히 간직했다. 하지만 가브리엘은 자신이 명성과 부를 쥘 수 있도록 스킵과 내가 스파이크 리와의 "미팅"을 주선해줘야 한다는 생각에 집착하기 시작했다. 할리우드에서 시간을 보내본 사람이라면 누구나 영향력 있는 사람과 "미팅을 가진다"는 생각이 "그쪽 산업"의 일종의 성배라는 사실을 알고 있다. 스킵은 가브리엘에게 "스파이크 리는 나같은 사람에게조차도 전화를 하지 않는단다."라고 말하면서 그를 진정시키려고 했다. 그리고 영화제작에 대한 공부를 계속하면서 적절한 때가 올 때 바로 시작할 수 있도록 준비하라고 조언했다.

하지만 나는 그렇게 쉽게 가브리엘을 설득할 수 없었다. 나는 사실 2000년 가을에 스파이크 리를 만난 적이 었었다. 그가 당시 감독한 영화 ‹뱀부즐리드›에 대해 논의하는 자리에 패널로 초청된 적이 있었기 때문이다. 그래서 가브리엘은 당연히 내가 그 위대한 감독에게 전화를 걸어 미팅을 잡아줄 것이라고 기대했다. 그런데 나는 왜 그러지 않았을까? 나는 왜 아버지로서 아들이 꿈과 희망을 이룰 수 있도록 도와주는 대신 그의 커리어를 가로막고 있었을까?

그럼에도 불구하고 가브리엘과 나는 스파이크 리의 영화에 대한 애정을 공유했으며, 함께 ‹뱀부즐리드›를 여러 번 보기도 했었다. 가브리엘은 즉시 시나리오 쓰기에 대한 영화 리스트에 그 영화를 올렸다. 이 영화는 "새천년 민스트럴 쇼"[백인이 얼굴을 검게 칠하고 춤과 노래와 촌극을 하는 미국의 쇼를 말함.—옮긴이]를 위한 텔레비전 극본을 쓰면서 동시에 미국 문화에서 통용되던 인종차별적 금기를 모두 위반하는 어느 텔레비전 작가에 관한 이야기다. 그 영화의 작가인 피에르 들라크루아는 자신의 재능을 망치는 "바보상자"의 희생자인가? 자신의 안락한 생활과 매일 필라테스 수업을 유지하기 위해서라면 뭐든지 하는 "오레오"(겉은 흑인이지만 속은 백인)인 여피족 배신자인가? 아니면 "삼보 예술"이라는 인종차별적 고정관념에 과하게 몰입한 나머지 제미마 아줌마와 스티핀 펫칫의 인형이 살아 있는 것으로 보이게 되는 정신병에 빠져 서서히 미쳐가고 있는 것인가? 가브리엘은 이 영화 안에서 살았고, 나를 그곳으로 데려갔다. 그는 화려한 할리우드 커리어라는 자신의 판타지를 뒷받침해주는 인물로 스파이크 리와 스킵을 설정한 것이다.

이제 나는 그의 시나리오를 다르게 읽으려고 한다. 광기와 죽음의 경계를 넘나들면서 그에 대한 흥미진진한 이야기를 남긴 사람이자, 광기를 이해한다는 미완의 프로젝트를 남기고 간 어느 개인의 증언으로서 그의 텍스트를 읽는 방식으로 말이다. 나는 더 이상 징후적 독해를 견딜 수가 없다. 그것은 그의 글을 이런 증상 혹은 저런 증상의 발현으로 편리하게 꼬리표를 붙이는 방식의 독해일 뿐이다. 가브리엘의 글이 양극성 장애의 결과이든 조현병의 결과이든 대체 무슨 상관이란 말인가? 엘린 삭스, 아비 바르부르크, 그리고 윌리엄 블레이크가 그러했듯 가브리엘은 우리가 그저 스치듯만 하는 세계의 경계에서 살았다. 그곳은 자신의 과대망상적 판타지에 안주하는 동시에 늘 분노하고 고통받고 산산이 무너지는 세계였다. 가브리엘은 그러한 판타지를 작동하게 하는 동시에 폐허로부터 세상을 건설하겠다는 격렬한 의지를 보여주었다. 가브리엘은 진정 정신의 여행자였던 것이다.

10

가브리엘의 남겨진 뒷장들

가브리엘이 쓴 가장 내밀하고 직설적인 자서전적 시나리오는 1964년에 발표된 밥 딜런의 곡 제목을 떠올리게 하는 ‹나의 남겨진 뒷장들›이다. "하지만 그때 나는 더 늙었었지. 지금의 내가 그때보다 더 젊다네."라는 그 곡의 유명한 후렴구는 잊을 수 없다.

가브리엘의 광범위한 수집목록에는 그 위대한 음유시인에 대한 책과 CD들이 가득하다. 전해지는 이야기에 따르면 밥 딜런은 시카고의 로슨 YMCA에서도 한동안 거주했었다고 한다. 가브리엘의 밥 딜런의 가사는 모두 암송할 수 있었고, 어릴 때는 나와 함께 노래들을 따라부르곤 했다. 가브리엘은 시간의 흐름을 뒤집고 있는 듯한 이 아름답고도 신비한 가사에 대해 오랫동안 깊이 생각했다. 딜런은 자신이 중심이 되었던 초창기 포크

음악 부흥운동의 개인적이고도 정치적인 이상주의에 대한 환멸을 표현하고 있는 것인가? 만일 그것이 정말로 환멸이라면, 환멸을 늙음에서 젊음으로 가는 움직임이라고 묘사하는 것은 아주 독특하다고 할 수 있다. 그는 퇴보에 대해 말하는 것인가? 아니면 재탄생? 만일 이 노래가 "슬프지만 현명한" 흐름에 대한 이야기라면, 늙음과 성숙은 부차적인 것에 불과하다고 예상할 수 있을 것이다. 하지만 이 노래가 펼쳐질 때 실제 이야기의 흐름은 과거의 광적 확실성과 교만함, 거만함, 그리고 광기로부터 불확정적인 현재로 가며, 이 현재는 "그때보다 더 젊다"는 사실을 제외하고는 아무것도 확실하지 않다. 첫 번째 가사와 후렴구를 생각해보라.

진홍색 불꽃이 내 귀를 뚫고 높이 너울거리네
아이디어는 나의 지도가 되었지
거대한 덫이 뜨거운 도로를 화염으로 공격하고 있네
"우리는 곧 모서리에서 만나게 될 거야." 나는 말했지
격양된 눈썹 아래 자만심을 숨기고
아, 그때 나는 더 늙었지만,
지금의 나는 그때보다 더 젊다네

이것보다 더 조현병적 사고를 정확하게 보여주는 시적 표현이 있을까? 첫째, 머릿속에 화염이 불타고 있는 것 같은 감각이 거대하고 높고 강한 덫과 연결되어 있다는 점이 그러하다. 조현병이란 정확히, 자신이 지배할 수 있다는 감정과 동시에 역설

적으로 자신이 거대한 덫에 사로잡혀 있다는 감정을 느끼는 것이 아닌가? 그리고 나서 그 동일한 불꽃이 "화염"과 "뜨거움"을 특징적으로 반복하면서 계속해서 마치 호랑이처럼 공격을 가한다. 하지만 그러면서도 계속해서 스스로를 나아가게 하기 위해 "아이디어"에 의존한다. 어떤 종류의 날카로운 "모서리"가 딜런의 '재회의 장소'가 될까? 그가 우리에게 말해주는 것이라고는 이 확신에 찬 화자는 자신이 과거에 그랬던 것처럼 격앙되고 열정적이며 자만에 빠져 있지 않다는 사실이다. 그는 이제 겸손하다. 하지만 역설적으로 기존의 상식에 반해 그는 이제 더 "젊다." 화자는 광기와 고통을 통해 고정관념과 자기주장만 하는 "현명함"으로부터 오히려 젊은 순수함과 경이로움으로 이행했다. 가브리엘은 친구의 자전적 앨범에 새겨져 있는 블레이크의 유명한 시행을 잘 알고 있었다. "윌리엄 블레이크는 1757년 11월 28일에 런던에서 태어났고 이후 계속해서 여러 번 사망하고 있다."

블레이크의 〈순수의 노래와 경험의 노래〉(내가 가브리엘과 카먼에게 어릴 때 들려주곤 했던)는 순수함에서 시작해서("그대를 만든 어린 양") 호랑이의 공포와 불확실성을 마주치는 경험으로 이동하고("밤의 숲속에서 / 불타는 듯 밝게 빛나는" 호랑이), 그리고 더 높은 순수와 예언적 발화라는 제3의 상태로 이행하는("미래 시대의 아이들이여, / 이 분노의 글을 읽으며 / 과거에는 / 사랑, 다정한 사랑이 바로 범죄로 생각되었다는 것을 부디 알기를") 인간의 발전에 대해 노래하고 있다. 가브리엘 자신의 삶에 대한 주된 이야기는 블레이크의 서사시 〈예루살렘〉의 패턴을 따르고 있다. "올로의 잠에 대하여! / 그리고 영원한 죽음으로 가는 통로에 대하여! / 그리고 영원한 생명으로의 깨어남에 대하여." 블레이크의 예언적 시선에 등장하는 고대의 시인은 실상 『유리즌의 책』에 등장하는 회색 수염을 기른 치매에 걸린 이성주의자보다 "훨씬 더 젊다."

〈나의 남겨진 뒷장들〉(가브리엘의 시나리오)은 야만적인 구타로 인해 머리에 부상을 입으며 여자친구의 배신으로 눈에 스트리크닌 약물을 강제로 투여받는 장면이 강조되는 폭력과 박해에 관한 이야기이다. 우리가 바깥에서 볼 때는 그저 망상으로밖에 보이지 않는 어두운 영역을 시나리오는 그리고 있다. 가브리엘이 이 영화에서 이야기하고 있는 그 신체적 부상과 같은 장면을 우리는 결코 본 적이 없었다. 하지만 그 장면들은 가브리엘을 위해 그곳에 있었다. 우리는 그의 "은폐기억"이라고 부를 수밖에 없는 그 현실에 대해 의문을 제기해서는 안 된다는 걸 알게 되었다. 외상후증후군이라는 가브리엘의 자가 진단은 노숙자가 되고 마약에 중독되고 갱단과 싸우고 전문가 수준으로 높이 스케이트보드를 타고 나는 그 어두운 이야기에 적절한 것처럼 보였다. 가브리엘은 그때 그토록 고통을 겪고, 자신의 부모는 결코 알지 못할 현실 세계와 타협하는 법을 배우면서 훨씬 더 늙었었다고 할 수 있겠다. 〈나의 남겨진 뒷장들〉에서 가브리엘은 밥 딜런에게 영감을 받아서 "더 젊어진" 청년 같은 관점으로 과거를 회상하고 있는 것이다.

그래서 그의 남겨진 뒷장을 읽는 것은 무작정 절망적이지만은 않다. 가브리엘은 어릴 때 이웃 소년에게서 처음으로 구타를 당했던 이야기를 하고 있는데, 그 불공정한 폭행을 본 아버지가 그 소년과 부모에게 맞서는 장면을 그린다. 이는 실제 기억에서 비롯된 것으로, 우리의 멋진 친구이자 이웃이었던 그 사람들은 자기 아들이 가브리엘을 때렸다는 가브리엘의 주장을 듣고는 분노가 아니라 애매한 태도로 아들에게 반응했다("네가 가브리엘을 때릴 때 무슨 기분이었니? 가브리엘이 너를 화나게 한 게 있었니?"). 나는 평정심을 잃고 그 소년에게 "기분"이 어떻든 간에 다시는 그런 행동을 하지 말라고 경고했었다. 나는 재니스가 크게 당황했음에 분명하다고 생각하지만, 가브리엘은 적어도 이 시나리오에서 나를 아버지이자 보호자로서 이상화하고 있다. 또한 가브리엘은 다양한 인종이 섞여 있는 시카고 남부의 거친 소년들과 함께 어울리는 예언자적 친구이자 래퍼이자 스케이트보더이자 반골 안티히어로로 자신의 과거를 이상화하고 있다. 시나리오에서 가브리엘은 대학 도서관 앞에서 스케이트보드를 타는 자신을 막은 무례한 경찰들에게 모욕을 준 것을 자랑한다("던킨 도너츠에서 약속 있으신 거 아니었어요?"). 가브리엘은 오르가즘을 느낄 때마다 "이건 인류를 위한 작은 발걸음이야!" 하고 외치면서 우주를 날아다니는 섹스 머신이다. 그는 뉴욕 대학교에 진학하고 철학을 연구하지만, 자신이 이미 모든 것을 다 알고 있다는 사실을 깨닫는다(그는 그때 훨씬 더 늙었었으니까). 그는 마약을 흡입하면서 윌리엄 블레이크로 돌아온다. 그리고 시나리오를 쓰는데, 신기하게도 그것은 출력을 하려고 할 때마다 컴퓨터 스크린에서 사라져버린다. 그리고 누나의 이름을 딴 카먼이라는 뮤즈이자 수호자가 이 모든 과정을 동행하고 있다. 이 뮤즈는 항상 그의 어깨 위에 앉아 있는 정령

｜그림 8｜ 가브리엘 미첼, ‹어깨에 앉아 있는 천사 뮤즈›(날짜 불명). 출처는 ‹황폐한 거리›.

이자, 그가 느끼는 무엇이든 공유하면서 그를 꾸짖는다. 그녀는 가브리엘보다 더 할로페리돌에 고통받는다. 그녀의 유일한 소원은 피노키오 이야기처럼 진짜 여성이 되는 것이다.

　　만일 ‹꿈의 정치학›이 애비와 조지의 죽음을 넘나드는 대화 위에 지어졌다면, ‹나의 남겨진 뒷장들›은 그의 삶에서 등장한 여성들의 분리된 이미지에 근거하고 있다. 한편으로는 그녀는 충실하지만 나약하다. 다른 한편으로 그녀는 무의미한 섹스와 독성 마약으로 그를 유혹하는 팜 파탈이다. 그의 꿈에서 가장 중심이 되는 영화는 놀랄 것도 없이 ‹바닐라 스카이›였다. 그리고 극저온 인큐베이터 속에서 수세기 동안 잠자면서 (톰 크루즈의 "잠자리 상대"인) 카메론 디아즈의 얼굴과 (톰 크루즈의 유일한 진정한 사랑인) 페넬로페 크루즈의 얼굴은 가브리엘의 꿈/악몽 속에서 마치 오리-토끼 착시 이미지처럼 서로 겹쳐지게 된다. 나중에 ‹광기의 대화›에서 카메론 디아즈는 "내가 기도하는 푸른 눈에 금발의 하느님"으로 다시 등장할 것이다. ‹바닐라 스카이›에서 주인공에게 고층건물 옥상에서 뛰어내리게 하여 꿈에서 현실로 깨어날 용기를 준 사람은 과연 카메론 디아즈일까 페넬로페 크루즈일까?

11

Philmworx

질병의 역사에서 가장 유명한 "조현병 환자"라 할 수 있는 다니엘 파울 슈레버 판사는 자신의 경험을 공개적으로 알리기 위해 『한 신경병자의 회상록』을 썼다. 가브리엘 미첼에게는 자신의 웹사이트인 Philmworx.com이 있었다. 슈레버는 신경과학과 법 정신의학, 전기의 발명 등이 세상을 바꾸고 있던 시대에 글을 썼다. 가브리엘은 컴퓨터와 인터넷, 닷컴버블, 소셜 미디어의 시대에 조현병과 투쟁했다. 슈레버의 회고록은 신비주의 종교에 대한 책을 주로 내던 출판사에서 출간되었다. 가브리엘은 웹사이트가 자기 표현의 매체로 등장한 덕분에 자신의 글을 바로 웹사이트에 올릴 수 있었다. 슈레버는 회고록을 출간하지 말라는 충고를 받았고, 슈레버의 정신과 의사는 아예 출간을 적극 방해했다. 공적인 삶과 사적인 삶의 경계를 허무는 인터넷이라는 매체로 무장한 가브리엘은 아주 자의식적으로 자신을 '대중성을 추구하는' 예술가라고 묘사하고 있다. 가브리엘은 자신을 알려지지 않은 "아웃사이더 예술가"라고 강조한다. 그의 어조는 자기 비하와 아이러니한 자랑 사이를 오가는 것 같다. 가브리엘은 "지루한 사람들과 이야기를 나누는" "초능력"에 대해서 자랑한다. 그리고 스스로를 엄청난 양의 담배와 커피를 흡입할 수 있는 놀라운 능력을 가진 코믹북스의 안티히어로라고 설명한다. 뉴욕 대학교에서 퇴학당한 것도 명문 대학의 규범을 초월할 수 있는 자신만의 "돌연변이 능력"의 증거라고 한다.

슈레버와는 정반대로 가브리엘은 자신의 이야기를 정신적이거나 육체적인 '질병'의 틀 안에서 전개하지 않는다. 그는 오히려 자신을 광범위한 성취를 이룬, 그러나 깊은 고통에 대한 직접적 지식을 가지고 있는 반항적 아웃사이더로 묘사한다. 이때의 '고통'이란 자신의 무지한 부모(꽤 정확한 말이지만)는 전혀 아는 바 없다고 비난하곤 했던 '중독'이라는 "현실세계"이다. "쓰레기" 초상화는 그의 명함이 되었다. 그리고 그의 웹사이트에 올려놓은 비디오 작품 목록은 실상 익살스럽게 부풀려진 이력이라고 할 수 있다. 그 목록은 자신이 조숙한 아기로서 첫 주연을 맡았던 미첼 가족의 홈비디오들부터 시작한다. <첫 번째 걸음마>(1974)는 (주로 추락하는 것을 잘하는) 스턴트맨이자 슬랩스틱 코미디언으로서의 자신의 재능을 보여준다. 3분짜리 액션 스펙터클 영화인 <세 번째 생일>(1975)은 물총싸움, 파이 던지기와 같은 놀이들과 로코 할아버지가 손이 닿지 않게 매달아 놓은 선물들을 보여주고 있다. 가브리엘은 오하이오에서 인생의 첫 4년을 보내면서 자신이 주인공이라고 오롯이 느꼈던 것 같다. 우리가 시카고로 이사 가면서 그의 사적인 세계는 어슐러 르 귄, 자크 데리다, 에드워드 사이드, 헨리 루이스 게이츠, 프레드릭 제임슨, 줄리아 크리스테바, 슬라보예 지젝, 마이클 프리드, 로버트 모리스, 타니아 브루게라, 앤터니 곰리 등등의 유명한 작가들을 포함하게 됨으로써 더욱 확장되었다. 그리고 많은 다른 사람들 또한 그의 환상 세계와 영화 시나리오의 일부가 되었다.

가브리엘의 웹사이트는 방문자들에게 "이 예술가는 자신의 인생 이야기로 스트립쇼를 하고 있으니 아주 비위가 강해야 할 것"이라고 경고하고 있다. 이 구절은 윌리엄 버로스의 시 〈단어〉를 떠올리게 하는데, 가브리엘은 어머니 재니스가 시카고의 그린밀 재즈 클럽에서 이 시로 음악을 연주하는 것을 본 적이 있다. 2007년에 가브리엘은 홈볼트 파크에서 마약딜러들과 매춘부들 사이에서의 삶에 대한 뮤직비디오이자 플래시카드 그래픽 다큐멘터리인 〈황폐한 거리〉를 제작해서 웹사이트에 올렸다. 가브리엘은 제프 쿠스트의 기타 연주를 배경으로 밥 딜런의 노래 〈황폐한 거리〉를 리메이크해서 직접 노래를 부른다. 각각의 구절에 대한 이미지를 손으로 그리고 글을 덧붙인 장면들로 구성된 〈황폐한 거리〉는 천사의 머리를 한 히피이자 스케이트보더인 자신과 강아지, 그리고 자신의 어깨에 앉은 여성 뮤즈와 함께하는 초현실적 모험을 보여준다. 오이디푸스 왕은 군중을 자극하고(여기에는 슬램덩크를 하는 마이클 조던과 불타는 십자가를 흔드는 KKK단원이 포함되어 있다), 그의 차는 소화전과 충돌한다. 소크라테스의 무덤에서 촛불을 들고 있는 가브리

¦그림 9¦ 가브리엘 미첼, <오이디푸스 왕 군중 신>(날짜 불명). 출처는 <황폐한 거리>.

엘의 이미지는 "예언적 빛과 함께하는 광고 사건"이라고 표현되어 있다. 가죽끈에 묶인 매춘부는 자신을 조종하는 자의 돈을 훔친다. 그녀는 그런 직후 휠체어에 타고 있고, 자신의 아이들을 휠체어에 속박하고 채찍질을 하고 있다. 그 아이들은 "이미 에이즈에 걸려 있"으며, 반면 "22번째 생일인데도 그녀는 벌써 늙은 하녀이다."

　　이 영화에서 가브리엘은 2001년 9월 11일 이후 집착했던 두 가지 형상으로 자신을 묘사하고 있다. 즉 십자가에 못 박힌 예수의 형상과, 아부 그라이브 수용소에서 복면이 씌워진 채 고문받는 남자의 형상이다. 나 또한 이 형상들에 대한 가브리엘의 집착에 충분히 공감했을 뿐만 아니라, 실제로 당시 그 주제에

|그림 10| 가브리엘 미첼, 〈휠체어에 탄 '늙은 하녀'〉(날짜 불명). 출처는 〈황폐한 거리〉.

대한 책을 저술하기도 했었다. 가브리엘은 인터넷을 뒤져 아부 그라이브 수용소의 학대 사진을 찾아다녔고, 결국 사진들 전부와 그와 관련된 시사만화, 조각상, 인형, 사진, 포스터들도 모두 찾아서 보여주었다. 또 가브리엘은 아부 그라이브 수용소의 복면 씌워진 남자의 형상이 전 세계적으로 퍼져나갈 때 그 이미지의 도상적 성격에 대해 내가 분석하는 것을 도와주었다. 가브리엘은 때로 나보다 더 끈질기고도 통찰력 있게 내가 학문적 열정을 불태울 수 있도록 배려해주었다. 그는 FreewayBlogger.com과 같은 사이트나 포크스크류 그래픽스Forkscrew Graphics와 같은 행동주의 예술가들의 아카이브를 찾아냈다. 이들은 복면 남성

| 그림 11 | 가브리엘 미첼, ⟨십자가에 못 박힌 예수와 아부 그라이브 수용소의 후드 쓴 남자 사이에 있는 가브리엘⟩(날짜 불명). 출처는 ⟨황폐한 거리⟩.

이미지가 역설적으로 십자가에 못 박힌 예수의 형상이라는 것을 보여주었고, 따라서 이 형상을 세계적 반전 운동의 상징이자 부시 대통령의 고문 정권을 폭로하는 상징으로 전환시켰다. 그러니 가브리엘이 2010년 11월의 영화인 ⟨광기의 대화⟩에서 아부 그라이브 수용소의 남성 이미지와 예수의 형상을 연결시킨 것도 나에게는 놀랍지 않았다. 가브리엘은 CIA가 "한층 강화된 심문 기술" 발전을 위해 미국 정신과 의사 협회와 협력했던 일과 그 고문 피해자의 모습을 연결시킨다. 이 기술은 체계적이고 구체적인 형태로 "광기를 양산하는" 방식이자, 더 적절하게 말하자면 사람들을 비정상으로 몰아가는 테크놀로지라고 할 수 있

었다. 이는 테러와의 전쟁이 보여주는 명백한 광기와도 맥을 같이 한다. 우리는 고전영화인 〈맨츄리안 켄디데이트〉를 반복해서 함께 보면서 미국의 편집증과 세뇌를 보여주는 방식에 빠져들었다.

가브리엘이 가장 창조적이었던 마지막 5년의 기간 동안, 나는 그가 작업을 해나가면서 자신이 받았던 모든 영향을 통해 변화해가는 과정을 옆에서 지켜볼 수 있었다. 때로 나는 나의 작업과 재니스의 음악, 그리고 가브리엘의 수호천사이자 뮤즈인 카먼의 아이디어와 존재가 그의 작업에 계속해서 사용되는 것을 볼 수 있었다. 하지만 가브리엘은 다른 곳에서 받은 수많은 영향도 빠르게 흡수해가고 있었다. 그는 매주 시카고 영화 평론가 집단(마이클 윌밍턴, 로저 에버트, 조나단 로젠바움 등)과 함께하는 수업에 몰두했다. 또한 가브리엘과 나는 시카고 대학의 고다르 그룹에 가입했는데, 여기에는 미리엄 한센, 톰 거닝, 유리 치비안과 같은 영화학자들도 활동하고 있었다. 고다르 그룹은 고다르의 〈영화의 역사〉라는 난해한 몽타주 영화를 9주 동안 분석했다. 매주 화요일 저녁이면 우리는 그 영화를 한 시간 동안 두 번씩 보곤 했고, 한 번 본 뒤 짧은 휴식시간 동안 피자를 게걸스럽게 먹어치웠다. 두 번째 볼 때에는 때로 영화를 정지시키고 영화의 스틸이나 장면에 대해 논의하기도 했고, 거닝과 한센과 치비안의 영화사에 대한 넘쳐나는 백과사전적 지식의 향연을 듣는 호사를 누릴 수 있었다. 때로 우리는 터너와 고야, 보스와 엘 그레코 등등의 회화의 역사에 대한 무수한 참조에서 길을 잃어버리기도 했고, 끔찍했던 20세기의 역사적 사건들에 대한 뉴스 클립을 찾아보기도 했다. 또한 가브리엘은 히치콕과 알모도바르, 부뉴엘, 코엔 형제, 잉마르 베리만, 존 포드에 대한 수업들과, 무성영화 시대와 뒤이은 할리우드 코드 시대에 대한 세미나들을 시카고 대학교 영화교육 프로그램 야간 집중 수업을 통해 이수했다. 이로써 가브리엘도 살아 있는 영화사 백과사전이 되었다. 2010-11년에 가브리엘은 영화를 그래픽 노블과 종합하기 시작했다. 특히 어리숙한 주인공이 슈퍼히어로가 되는 장르(망토를 걸친 G-유닛으로 자신을 묘사하는 것뿐만 아니라 스파이더맨 또한 이런 장르에 속한다고 할 수 있다)와, 세상을 파멸시키는 다크 피닉스라는 신비로운 팜 파탈에 대한 그래픽 노블을 창작했다. 놀랍게도 이 팜 파탈은 가브리엘의 어깨에 앉아 있는 날개 달린 뮤즈와 매우 유사하다.

가브리엘은 (앞서 언급한 바 있는) '슈퍼히어로 영화 연구회'가 발족되는 데 큰 기여를 했다. 이 연구회는 그래픽 노블 학자인 힐러리 슈트, 매체와 게임 이론가인 패트릭 자고다, 그리고 내가 참여한 학회로, 여기에서 가브리엘은 마블 코믹스 세계의 풍성한 뒷이야기로 우리를 즐겁게 해주었다. 가브리엘에 따르면 마블 코믹스는 과거의 DC-슈퍼맨 모델로부터 과감하게 벗어나서 (가브리엘 자신과 같은) "상처 입은" 슈퍼히어로의 모델을 개척했다고 한다. 내가 가브리엘에게 영향을 준 인물이었다고 자신하기에는 이미 시간이 너무 흘러서, 이제 나는 가브리엘의 예술가적 야망과 끝없이 확장되는 영화와 음악과 도서 아카이브에 압도당하는 느낌이었다. 솔직히 말하자면 가브리엘이 레이 커즈와일의 "특이점" 개념에 근거해서 『특이점이 온다』가

|그림 12| 가브리엘 미첼, ‹G-유닛 슈퍼히어로›(날짜 불명).

THE THUGISH BICYCLE RIDER
IS MISSING BOTH WHEEL AND
LEG

|그림 13| 가브리엘 미첼, 〈외다리 사이클리스트〉(날짜 불명). 출처는 〈황폐한 거리〉.

정신적으로는 자신과 함께 쓰인 책이라고 설명했을 때 나는 그의 논리를 제대로 따라가지도 못했다.

　커즈와일의 특이점 개념은 가까운 미래에 인간 의식에 급진적 변화가 일어날 것이라는 가브리엘의 확신과 완벽하게 맞아 떨어지는 것으로 보였다. 커즈와일은 2045년쯤이 되면 인공지능이 인간을 능가할 것이며, 따라서 인간은 자신의 정신적이고 육체적인 한계를 초월한 새로운 사이보그 종이 될 것이라고 예언했다. 이제 가브리엘의 우주는 새로이 등장하는 사이버문화와 1960년대의 반문화를 연결시키고, 《전 지구 카탈로그》 잡지를 《와이어드》 잡지와 연결시키며, 나의 세대를 그의 세대로 연결시키는 기술낙관주의의 유토피아적 파도를 타고 있었다. 전자적으로 확장된 신경계라는 마샬 맥루한의 예언은 이제 막 성취되려고 하는 것처럼 보였고, 따라서 가브리엘이 자신의 조현병을 자본주의와 인간이라는 종의 집단적 자기파괴성을 넘어서 새롭게 출현하는 새로운 의식의 징후로 볼 수 있게 해주었다.

이러한 과학기술적 이슈들은 가브리엘이 왜 개인적이고 집단적인 광기라는 어두운 혼돈상태를 탐구하는 동시에 그 반대 극단인 과학과 수학, 초합리주의의 세계에 기대고 있었는지를 설명할 수 있게 해준다. 2011년에 가브리엘은 환영적 기하학과 우주론의 역사를 탐구하는 새로운 영화인 ‹격자 이론›을 완성했다. 시카고 시내의 모더니즘적 기념물들이 내려다보이는 자기 아파트의 스케치 책상에서 재니스가 준 마림바 사운드트랙을 틀어놓고 작업한 ‹격자 이론›은 마술 부적부터 생명 자체의 구조에 대한 모델인 DNA의 4겹 이중나선 구조에 이르는 다이어그램의 진화의 역사를 추적하고 있다. 그는 이러한 기하학적 개념화를 자신이 ‹무한 큐브›라고 부른 작품의 형태로 정교화하기 시작한다. ‹무한 큐브›는 가브리엘이 전깃줄과 테이프를 가지고 만든 일종의 조각품이다.

이 가브리엘의 무한 큐브의 최종본은 지금 시카고 스마트 미술 박물관에 전시되어 있다. 천 개의 전방위 LED 라이트 철사 매트릭스를 담고 있는 1미터 정도의 거울 유리 큐브로 된 앤터니 곰리의 작품 ‹무한 큐브›이다. 관람객이 주변을 걸어다니면 큐브는 계속해서 바뀌고 점멸하며, 엄밀한 수학적 질서의 느낌을 주는 동시에 날카로운 현기증도 느끼게 한다. 가브리엘은 런

EDUCATION PASS THE TEST
THE MIND NEEDS SEEDS TO SOW

|그림 14| 가브리엘 미첼, ‹격자를 그리고 있는 손›(날짜 불명). 출처는 ‹황폐한 거리›.

던을 방문하는 길에 곰리를 만난 적이 있었고, 곰리가 연례 인문학 페스티벌에 참석하기 위해 시카고를 방문했을 때 재회하기도 했다. 둘은 만나자마자 서로 통하는 부분을 느꼈고, 함께 곰리의 작품을 전시할 장소를 찾아 추운 11월 밤에 호반을 돌아다니기도 했다. 가브리엘은 곰리에게 자신이 만든 무한 큐브의 모형 하나를 선물했었다. 가브리엘이 세상을 떠난 후 곰리는 우리에게 전화를 걸어왔다. "가브리엘의 큐브로 제가 작품을 만들어볼까 합니다." 그가 말했다. "두 분이 괜찮으시다면요." 말할 필요도 없이 우리는 괜찮은 것 이상으로 기뻐했다. 그 작품은 혼돈스러운 정신생활 속에서 질서의 감각을 찾고자 하는 가

146

┊그림 15┊ 가브리엘 미첼, ‹DNA 다이어그램›(날짜 불명).

브리엘의 욕망에 기초하고 있다. 하지만 그것은 또한 블레이크
의 소용돌이 이론을 유한 속에 무한을 위치시키는 형상으로 비
유적으로 표현하고 있다.

　가브리엘은 고대부터 현대 건축과 그 너머에 이르기까지
도형과 기하학의 상상력의 역사를 영화적으로 보여주는 ‹격자

|그림 16| 앤터니 곰리, ‹무한 큐브›(2014). © the artist. 거울로 된 유리 안에 1000개의 전방위 LED 라이트를 구리 전선으로 수작업으로 연결. 91.4 x 91.4 x 91.4cm. 앤터니 곰리와 가브리엘 미첼의 공동작업. Smart Museum of Art, The University of Chicago.

이론›을 만들기 위해 한나 히긴스의 『격자책』에서 이미지를 차용하고 있다. 가브리엘은 소크라테스에서부터 현대 철학자들에 이르는 철학의 역사를 독특하게 보여주는 ‹필로소멘터리›를 만들었고, 플라톤의 동굴이론부터 영화에 이르는 ‹빛의 짧은 역

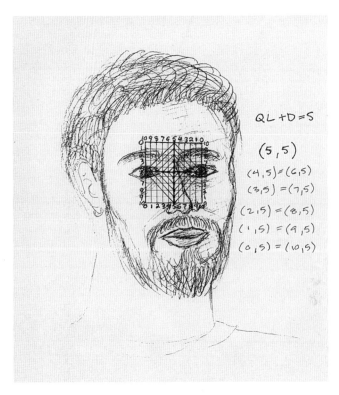

|그림 17| 가브리엘 미첼, 〈격자를 그려 넣은 자화상〉(날짜 불명).

사〉도 만들었다. 〈격자 이론〉은 이 모든 작품들을 한데 모아놓으려는 시도라 할 수 있다. 2011년 시카고 대학교의 세미나에서 열린 작가와의 대화에서 가브리엘은 "격자"를 정신병과 중독의 어두운 시기를 이겨나갈 수 있도록 "나를 살아 있게 해주었던 대상"이라고 말했었다. 또한 격자는 반 데카르트적 기하학 원칙을 발명함으로써 "원환을 사각형으로 만들려는" 시도이기도 하다고 했다. 가브리엘의 격자는 데카르트의 좌표와는 정반대로

음수를 위한 자리가 없으며, 0이라는 중심축에서 시작하는 대신 주변이 계속해서 정수로 채워지는 좌표이다.

나는 가브리엘의 격자 이론을 좋게 말하면 시적인 은유로, 나쁘게 말하면 자아과대증의 하나의 증상으로 보았다. 나는 격자가 자신의 심리적 안전망일 뿐만 아니라 언젠가는 수학자들도 이해하게 될 우주의 형이상학적 진리라고 집요하게 주장하는 가브리엘의 모습에 심란함을 느꼈었다. 가브리엘은 과학자 노먼 매클라우드에게 자신의 이론을 설명하는 편지를 써서, 수학자들에게 반항하고 원환을 정사각형으로 만드는 것에 성공하려는 자신의 야망에 대해 이야기했다. 노먼은 왜 수학자들이 이 문제를 포기했는지를 대가답게 설명하면서, 하지만 자신은 가브리엘이 제안한 방식이 완벽하게 말이 된다고 생각한다는 내용의 답장을 썼다. 왜 나는 시적인 수학자와 "진짜" 수학자를 구별해야 한다고 고집을 부렸을까? 가브리엘은 아웃사이더 예술가였을 뿐만 아니라 아웃사이더 영화감독이자 아웃사이더 수학자였던 것이다. 이 모든 역할은 현실원칙을 위해 존재하는 아버지나 아버지를 대변하는 권위자에 대한 단호한 반항에 기초한다는 것이 핵심이다.

가브리엘은 저작권 침해에 아랑곳하지 않고 각종 매체에서 자유롭게 소재를 가져다 썼다. 밥 딜런의 노래를 가져다 쓰면서 마음대로 가사를 붙이거나, 할리우드 영화에서 따온 클립들을 허락 없이 삽입하거나 하는 식이었다. 우리는 가브리엘에게 그렇게 훔쳐온 클립을 마구 써서 대중적으로 유통하다가는 정말로 좋지 않은 일이 닥칠 거라고 경고하곤 했다. 하지만 가브리엘의 대답은 일리가 있었다. "고다르도 그런 건 신경 안 쓰잖아요. 나는 왜 신경써야 하는 거죠?" 한번은 내가 가브리엘에게 솔직하게 물어보았다. "자, 너는 나한테 건설적인 비판이 듣고 싶니, 아니면 그냥 모든 게 다 훌륭하다는 말이 듣고 싶니?" 가브리엘은 한 치의 망설임 없이 대꾸했다. "나는 아빠의 그 '건설적'이라는 비평은 필요 없어요. 그냥 잘했다고, 다 잘될 거라고 이야기해주세요." 나는 여기에 대해서 빌 에이어스와 이야기를 나눴다. 빌은 내가 없을 때 나를 대신해 가브리엘과 영화 이야기를 나누는 친구이자 관대한 동료였고, 그가 영화에 대해 하는 가장 부정적 코멘트라고는 "볼만해."라는 말뿐이었다. 빌의 충고는 간결하고 분명했다. "객관적 메시지를 보내는 건 세상이 할 일이야. 부모는 그 역할에 적합하지 않지. 왜냐하면 부모가 그렇게 할 경우 모든 상황이 어린 시절로 돌아가게 되고, 모든 면에서 다시 퇴행이 일어나게 되거든. 자네의 일은 가브리엘의 평론가가 되는 게 아니야. 검열관은 더더욱 아니고. 자네가 지금 최선을 다하고 있는 바로 그 일을 하게. 최대한 가브리엘의 친구이자 지지자가 되어주는 일 말일세." 가브리엘이 죽기 몇 달 전에 완성된 마지막 영화는 바로 빌에 대한 것이었다.

가브리엘의 웹사이트에 올라와 있는 〈필로소멘터리〉는 아주 기이한 "예고편"이다. 카먼은 얼굴을 하얗게 칠하고 영화 스크립트를 읽고 있다. 영화는 어느 젊은 남자의 비극적 짝사랑에 대한 것이다. 카먼의 이야기를 듣고 있는 사람은 가브리엘이다. 그는 자신이 듣고 있는 멋진 이야기에 푹 빠져 있는 것처럼 보인다. 이야기는 동화 같은 교훈으로 끝난다("용서는 신적인 것

LEAVING BEHIND ALL THE GHOSTS UPON DESOLATION ROW

│그림 18│ 가브리엘 미첼, ‹술취한 뮤즈와 술병›(날짜 불명). 출처는 ‹황폐한 거리›.

이다.”). 영화 전체는 내게 “징후적”인 것처럼 보인다. 아주 퇴행
적이고 유아적이다. 하지만 더 당황스러운 점은 시각적으로 그
장면이 정신분석학의 대화를 패러디하고 있다는 점이다. 가브
리엘은 이야기를 하는 사람에게서 얼굴을 돌리고 소파에 누워
자신의 이야기를 뮤즈이자 누나인 카먼에게 듣고 있다. 앉아 있
는 화자와 누워 있는 청자의 역할은 역전되어 있다. 의사가 해
석하는 사람이 아니라 말하는 사람의 역할을 하면서 환자의 “옛
날 옛적” 이야기를 낭독하고 있는 것이다. 정신분석학적 대화의
상황은 일종의 유아론적인 고딕적 독백 혹은 복화술로 변형되
어 있다. 마치 가브리엘이 자신의 어깨에 앉아서 자신의 이야기
를 낭독하고 자신과 함께 고통스러워하는 뮤즈이자 요정인 카

면과 함께 예전에 같이 읽었던 무수한 만화를 되살리고 있는 것처럼 보인다.

아마도 이 이야기는 가브리엘 자신이 겪었던 실연과 오랜 치유과정의 은폐기억을 보여주는 것인지도 모른다. R. D. 랭은 조현병이란 실연당한 마음상태에 지나지 않을지도 모른다고 이야기한다. 자아가 생각과 감정의 양극으로 나눠진 것일 뿐만 아니라, 실연당한 것처럼 산산조각난 것이라고 말이다. 그래서 조현병을 앓는 사람이 사악한 적들과 이상한 에너지에 둘러싸여 있다고 생각하는 것일지도 모르겠다. 혹은 최악의 경우에는 친구들과 사랑하는 사람들이 모두 자신을 배신하고 있다고 생각하는 것이다. 물리적인 환경조차도 그에게는 적대적으로 느껴져서, 육신이 차가운 감각을 견뎌내지 못할 정도이다. (더운 여름날에도 패딩을 입고 있는 노숙자들을 보라.) 가브리엘이 어린 소년이었을 때, 우리는 종종 가브리엘에게 이제 겨울 코트를 벗어야 할 때라고 설득하느라 애를 먹곤 했었다.

가브리엘의 웹사이트는 〈황폐한 거리〉와 〈광기의 대화〉 외에는 자신이 처한 상황의 어둡고 피해망상적이며 고통스러운 면은 거의 보여주지 않는다. 가브리엘의 마지막 작품은 그가 죽기 몇달 전에 제작된 〈빌 에이어스의 사상과 회고〉로, 1968년에 광기와 정상성의 경계를 넘나들며 보냈던 힘든 나날들에 대한 빌의 회고록인 『탈주의 나날』의 일부를 빌이 직접 읽어 내려가는 목소리가 보이스오버 되는 가운데 반전 시위 이미지들의 몽타주가 펼쳐진다. 〈광기의 대화〉에서 가브리엘은 1960년대의 열정적인 혁명가로서의 이미지를 보여주는 빌의 사진에 대해

빌과 인터뷰를 하는데, 여기에서 이 사진은 2009년에서 2010년 사이에 미국의 '티 파티' 정치운동의 이미지와 비교된다. (실제 티 파티 운동은 정치권력을 획득했다.) 가브리엘은 이렇듯 자신이 광기와 정상성의 경계를 탐험했던 유일한 사람은 아니라는 것을 보여주려고 조현병이라는 칠흑같이 어두운 밤에서 나와 영화를 만들었다. 자신도 혁명가들, 예언자들, 순교자들, 예술가들, 몽상가들의 삶과 함께하고 있다는 것이다. 이름 없는 아웃사이더들, 노숙자들, 버려진 사람들, 조용히 광기에 고통받고 감금된 사람들의 삶은 말할 것도 없다. 가브리엘이 살아 있었다면 그들의 이야기와 신화를 영화로 만들 수도 있었을 것이다.

12

보호자 되기의 어려움

핵가족이라는 작은 세계는 어떠한가? 정신질환의 경우, 정신질환을 앓는 사람의 고통에 관심이 쏠리기 때문에 보호자의 역할은 소홀하게 다루어지곤 한다. 보통 아픈 사람의 가족과 친구들은 "환자"(환자는 "정말로 변하기를 원해야만" 한다)와 의사에 의해 이루어지는 실제 치료 작업의 조력자로만 다루어지기 마련이다. 의사는 환자의 상태에 대해 보호자들에게 자세히 이야기하는 것이 법으로 금지되어 있기까지 하다. 최악의 경우에는 바로 환자 상태의 원인은 바로 가족 때문인 것으로 치부된다. 잘해봤자 환자에 대한 책임을 포기하고 환자를 기관이나 전문가에게 넘겨버린 무능한 사람들처럼 보인다.

　이러한 조력자인 보호자들은 자주 힘든 상황에 처해 있음을 깨닫게 된다. 예를 들면 가족이 뿔뿔이 흩어져 있어서 모든 책임이 한 사람 내지 두 사람에게만 쏠리는 경우를 생각해보자. 질환의 원인, 치료, 진단에 대해서는 거의 합의가 존재하지 않게 된다. 우리가 기분전환용 약물을 사용한 것이나 우리의 방임주의 교육관이 가브리엘의 상태의 원인이 된 걸까? 가브리엘의 상태를 조현병, 조울증, 혹은 분열형 인격장애라고 불러야 했을까? 그런 의학적 모델은 그 자체로 불완전하지 않은가? R. D. 랭의 조현병 분석은 부재하는 아버지와 애정 없는 어머니로 구성된 문제 있는 핵가족이라는 그림에 의존하고 있다. 그래서 그의 치료법은 환자를 가족으로부터 분리시키고 때로는 새로운 가족에 입양되도록 하는 것을 요구했다. 이는 심지어 "다시 태어나는" 과정이라고 불렸다. 또 다른 양극단은 정신질환자들을 공공수용시설에 집어넣어서 강제로 감금하고 약물을 투여하는 것이었다. 조현병과의 투쟁을 보여주는 엘린 삭스의 자서전은 미국 정신병원에서 사용하는 강제처치들(벽에 매트리스를 댄 1인실에 감금하거나 구속복을 입히는 등)이 주는 공포에 대해 강조하고 있다. 하지만 그녀는 조현병으로부터의 생존은 효과적인 약물과 말하기 치료를 찾아내는 것에 달려 있다는 사실을 인정한다.

어떤 사람이 정신질환에 걸리게 되면 이중적 트라우마가 생기게 된다. 첫째, 증상들 자체(우울증, 불안, 피해망상증, 분노, 망상, 환각 등)가 트라우마가 된다. 그리고 나면 일차적 증상보다 환자에게는 훨씬 더 나쁘게 경험되는 이차적 트라우마인 '진단'이 내려진다. 물론 전문가가 그의 고통에 대해 이름을 붙여주는 것은 약간의 위안을 줄지도 모른다. 하지만 육체적 질병의 진단과 달리 정신질환의 진단은 불확실성으로 가득 차 있다.

그뿐만 아니라 동시에 그 진단은 끔찍한 확실성을 낳는다. 즉, 환자의 주변 관계와 직장에서의 미래를 불확실하게 할 뿐만 아니라 환자의 자아 이미지에도 깊은 손상을 입히는 치명적인 낙인이 되는 것이다.

조현병은 특히나 일종의 사형선고로 받아들여진다. "암"이라는 용어가 그러하듯 조현병도 사람을 오싹하게 만든다. 조현병으로 고통받는 사람들의 자살률이 특히 높다는 문제뿐만 아니라, 조현병이라는 이름이 환자에게 일종의 사회적 죽음이자 "추방" 선고로 느껴진다는 점에서 그렇다. 그리고 그 추방은 환자와 아주 가까운 사람들인 직계가족에 의해 행해진다. 어빙 고프먼이 고전이 된 에세이 『정신병 환자의 도덕적 직업』에서 주목했듯, 이러한 최초의 혹은 "환자가 되기 이전의" 단계는 "포기, 배신, 적의감과 함께 시작된다." 그 사람은 이제 함께 살기 힘든 사람이 되고, 사회나 가정의 일원으로서 정상적으로 일하거나 기능하기가 불가능해지며, 따라서 정신병원만이 유일한 해결책으로 여겨진다. 이러한 흐름은 그 가족과 환자의 경제적 지위에 따라 폭넓게 변화한다. 케네디 가문은 오랜 시간 동안 잭 케네디의 여동생의 병을 숨길 수 있었다. 또한 부유한 개인은 일반적인 대중적 시설보다 전반적 상태와 치료가 훨씬 양호한 사설 보호소로 갈 수도 있다.

따라서 어느 개인에게 정신질환이 시작되면 그와 가까운 사람들의 집단에는 위기가 발생하는 것은 피할 수 없게 된다. 정신질환으로 고통받는 사랑하는 사람에게 종종 배신자로 인식되는 이 가까운 사람들은 죄의식과 혼란, 분노, 회한의 감정으로

인하여 고통을 겪을 가능성이 높다. 그들은 비난을 가할 수 있는 누군가를 찾아나선다. 그것은 자기 자신이거나, 불법 마약과 나쁜 친구들이거나, 무능한 의사이거나, 유해한 사회적 환경이거나, 혹은 상대방이거나이다. 사람들은 혼자 미치지 않는다. 그들은 가족들을 정신질환의 세계로 함께 데려간다. 케네디 가문이 그러했듯이 부유한 가족은 정신적으로 아픈 친족의 존재를 은폐할 수 있는 온갖 방법을 만들어낼 수 있다. 그들은 "특별" 대우를 받고, 노동하지 않으며 평생을 보내도록 허락받는다. 가정에 충분한 여유가 있는 경우에는 예술가라는 대안적 직업도 가능하다. 그래서 예술은 일종의 피난처 기능을 해준다. 최악의 경우에는 가족이 그들을 버리고 그들의 존재를 망각하려고 노력하기도 한다. 몇몇 극단적 사례에서는 정신질환자 때문에 보호자가 위험에 빠지기도 하기 때문에 환자와 가까운 곳에서 간접적으로 도움을 제공해야만 한다. 전국정신건강협회가 주최한 모임에서 재니스는 아들이 자신을 찾아서 죽일까 봐 전화번호와 주소를 바꿔야만 했던 어느 여성을 만나기도 했다. 그녀는 중간에 매개자를 설정해서 그를 통해 아들에게 집을 마련해주고 생필품을 공급해주고 있었다.

가브리엘의 조현병은 우리 가족의 원심력처럼 보였지만, 실제로는 그 때문에 우리 가족은 더욱 더 가까워질 수 있었다. 재니스와 나는 가브리엘의 재무상태와 약속시간 잡기, 약물 관리 등의 전반적 생활 관리를 위해 매일 회의를 했다. 여기에는 우리가 언제 가브리엘을 독립시켜야 하는지, 가브리엘이 어디에서 살아야 하는지에 대한 장기적 문제까지 모두 포함되어 있었다. 가브리엘이 우리와 함께 사는 것은 불가능해 보였고 우리가 가브리엘에게는 나쁜 영향을 주는 것처럼 보였기 때문이다. 우리가 자신을 "쫓아내고 있다"는 확신을 갖게 될지언정 가브리엘은 우리와 떨어져서 살아야만 했다. 더 미시적인 수준에서 우리는 가브리엘의 급속히 바뀌는 기분 변화를 감당하는 스트레스에 대처할 방식을 찾아야 하기도 했다. 그의 기분 변화는 분노나 우울감이나 심지어 통제불가능한 망상으로 그를 갑자기 몰아가는 일종의 "트리거"였다. 우리는 한편으로는 가브리엘의 꿈과 야망을 격려해주면서도 다른 한편으로는 현실감 테스트를 해줘야 하는 아슬아슬한 외줄타기를 해야만 했다. 일반적으로 우리의 전략은 가브리엘을 웃게 하거나, 그가 정교한 이야기를 구성해서 이야기하도록 격려하는 것이었다. 예를 들어 자신이 어떻게 아프게 되었는지에 관한 섬뜩한 은폐기억을 말하도록 유도하는 등이다. 자신이 조현병이 아니라 트라우마의 희생자라는 가브리엘의 자기진단은 갱단과 맞서 싸울 때 타이어 쇠막대로 구타를 당했었다는 세부적인 이야기에 근거하고 있었다. 이 이야기는 불변의 사실이 될 때까지 계속해서 반복되는 가족의 스토리가 되어 일종의 집단적 기억이 되었다. 카먼은 자신이 제작하고 있는 가브리엘에 대한 영화에서 그 사건이 실제인지를 알아보기 위해 가브리엘이 구타를 당할 때 그 갱단의 일원으로 구타를 부추겼다고 주장하는 친구를 찾아가서 실제 사건인지의 여부를 알아볼 예정이다. 우리는 이런 이야기들에 의문을 제기해서는 안 된다는 점을 경험으로 배웠다. 현실과 거의 관계가 없는 그 기억에 가브리엘이 완전히 갇혀 있는 모습을 보는 것은 너무나 충격적이었지만 말이다.

가브리엘의 조현병은 또한 공통의 적을 제공함으로써 우리를 뭉치게 만들었다. 나는 조현병이 내 아들에게 한 것 때문에 조현병을 증오하게 되었다. 때로 조현병은 실제로 액막이 굿을 해야만 하는 악령으로 보였다. 정말로 실제 악령에게 사로잡힌 것처럼 보였기 때문이다. 물론 가브리엘도 조현병과 싸우고 있다는 사실은 도움이 되었다. 하지만 그 싸움의 대상이 무엇인지는 명확하지 않았다. 그것은 증상인가? 증상을 악화시킨 조건인가? 무능한 의사와 병원인가? 가브리엘 안에서 들리는 목소리를 잠재우는 동시에 가브리엘이 원했던 날카로운 생각까지 다무디게 만들어버리는 약물인가? 슈레버 판사가 그러했듯이 가브리엘도 결코 자신의 망상에 굴복하지 않았을 뿐만 아니라 오히려 더 확고하고 열정적으로 믿었다. 그 때문에 우리들 사이에 늘 긴장이 조성되었다. 그의 환상의 주관적 성질과 그에 수반되는 믿음을 의심해서는 안 되었다. 가브리엘은 언어적으로 뛰어났고, 자신의 이성의 힘을 확고하게 믿는 사람이었다. 그는 항상 상상의 창문을 향해 두 팔을 내밀면서 우리는 볼 수 없었던 그 현실을 자신은 확고하게 붙들고 있다고 주장했다.

예를 들어, 우리는 그가 뉴욕 대학교에서 여자친구라고 주장하며 집착했던 크리켓이라는 젊은 여성에 대한 환상이 시작되기만 하면 즉시 입을 다물어야만 했다. 가브리엘이 죽은 후카먼이 크리켓을 인터뷰했을 때 의문은 더 깊어지기만 했다. 크리켓은 자신에 대한 가브리엘의 망상이 얼마나 심각한지에 대해 완전히 모르고 있었다. 그리고 가브리엘의 다정함과 창조성 때문에 "그를 예뻐했다"라고 말하기도 했다. 하지만 가브리엘에게 그런 "예뻐하는 마음"은 평생의 동반자가 될 운명에 대한 확신으로 받아들여질 수밖에 없었을 것이다. 우리는 크리켓(과 그녀의 어머니)을 가브리엘이 아프기 전후에 여러 번 만났었는데, 그때마다 그녀가 가브리엘의 환상 속에서 그토록 큰 역할을 하고 있다는 사실을 전혀 모르고 있다는 사실을 발견했다. 가브리엘의 망상의 진실이 무엇이든, 그와 대화할 때 크리켓의 이름이 튀어나오면 이제 곧 심각한 문제가 발생할 것이라는 표시로 받아들여졌다.

조현병을 앓고 있는 천재와 함께 산다는 것, 특히나 가브리엘처럼 언어적으로 유창한 사람과 산다는 것은 진정한 시험의 시간이 될 수 있다. 우리는 무수히 많은 "식탁 앞 대화"를 가졌고, 그때마다 가브리엘은 우리가 문제이지 자신에게는 아무런 잘못된 점이 없다고 확신했다. 가브리엘은 거리의 실제 세계와 전혀 접촉이 없는 우리의 편안하고 부르주아적인 생활방식을 비난했다. 또한 가브리엘은 갑자기 화살을 돌려서 우리의 25년 결혼생활(이제 50년이 된)의 공허함과 우리 삶의 무의미함과 그를 도우려는 우리 노력의 쓸모없음을 비난함으로써 우리의 불안을 촉발하는 섬뜩한 능력을 가지고 있었다.

가브리엘의 조현병은 우리의 그 공허하다는 결혼생활을 풍요로운 이야깃거리로 채워주는 효과를 발휘했다. 우리는 늘 망상과 비참의 한가운데에서 상식적인 현실원칙을 비교하고 있었다. 그리고 비참함을 느낄수록 사람들을 만나는 것이 힘들어졌다. 내 절친의 범위는 계속 좁아졌고, 반면 내 학문적 네트워

크는 확장되었다. 나는 시카고 대학교에 헌신하는 것에서 물러나 강의와 연구와 저술에만 몰두했다. 나는 가브리엘이 나의 최고의 친구가 되어가는 것을 느낄 수 있었다. 이와 동시에 어두운 불안감도 동반되었다. 가브리엘이 나의 유일한 친구가 되면 어떡하나? 나는 가브리엘의 망상세계로 완전히 건너가야 하나? 그러면 왜 안 되나? 내 일을 그만두고 가브리엘과 영화를 만들면 어떨까? 나는 이 가능성에 대해 진지하게 고민했고, 여기에 대해 몇몇 사람들과 이야기를 나누기도 해봤다. 사실을 말하자면, 나는 그 단계로 가는 것이 두려웠다. 나는 겁에 질려 뒷걸음질쳤다. 하지만 지금 차분하게 생각해보면, 만일 내가 그의 야망의 세계로 발을 디뎠다면 그것은 엄청난 실수가 되었을 것임이 분명하다.

정신병을 앓는 아들을 둔 신경증 가족만큼 역동적인 상황은 없을 것이다. 신경증이란 현실을 위해서 본능과 환상을 억압하는 것이고, 정신병이란 환상과 망상을 위해서 현실을 억압하는 것이다. 따라서 둘의 결합은 의사소통의 오류와 불안이라는 무시무시한 폭풍을 만들어낼 수 있다. 최선의 경우에는 신경증적 보호자들이 현실 대처에 몰두하느라 정신병 환자의 환상에 공감해주지 못하고 침묵하거나 분노에 차서 무시를 하는 불편한 분위기가 만들어질 것이다. 그의 환상을 인내심 있게 들어주면서 예방적 조치를 취하는 유능한 치료사의 역할은 우리에게 거의 불가능했다. 가브리엘의 환상은 매일 밤 저녁시간에 재니스와 나의 주제가 되었다. 가브리엘이 오늘 한 이야기는 대체 무엇일까? 가브리엘은 크리켓을 거론했던가? 기분이 어땠다고 말했던가? 가브리엘의 악몽이 더 악화되고 있는 건가? 등등.

　이 폭풍 속에 우리의 유일한 대피소는 바로 카먼이었다. 카먼은 서부에 살고 있었지만 가브리엘과 우리 사이에 계속되는 투쟁 속에서 일관성 있는 제3자의 목소리가 되어주었다. 가브리엘은 자신의 "부모와 같은 사람"은 바로 카먼이라고 말했다. 그는 때로 정서적 둔마[조현병에서 나타나는 음성적 증상들 중 하나로, 자신의 느낌에 대한 표현이 전혀 없는 상태를 칭함. —옮긴이], 간섭받는 것에 대한 저항, 극도로 예민한 기질 등의 고전적 증상들을 보여주곤 했다. 하지만 카먼은 가브리엘에게 직접적으로 다가갈 수 있었다. 그것은 아마도 카먼이 부모 역할을 하는 사람이 아니었기 때문이었을 것이며, 또한 실제로 부모에 반항하여 가브리엘과 함께 연대할 수 있는 누이였기 때문이었을 것이다. 가브리엘은 우리에 대한 분노를 카먼에게 솔직하게 드러냈고, 카먼은 가브리엘이 스스로의 삶을 살아야 할 책임이 있다고 이야기하면서 그를 조정하는 데에 능숙했다. 가브리엘이 로스엔젤레스를 방문했을 때, 카먼은 가브리엘을 "창조적" 친구들 모임에 어울리도록 해주었다. 그들은 가브리엘과 똑같이 할리우드에서 성공을 꿈꾸는 젊은 배우들, 감독들, 시나리오 작가들이었다. "할리우드에서는 유명한 영화인이 되고 싶다는 가브리엘의 원대한 꿈도 다른 사람들과 똑같은 평범한 이야기처럼 들리죠."라고 카먼은 말하곤 했다. 가브리엘이 처음 정신질환이 발병했던 어두운 시절로부터 행복과 창조성의 시기로 나아갈 수 있었던 데에는 카먼의 역할이 컸다. 가브리엘의 시나리오를 보면 카먼은 〈나의 남겨진 뒷장들〉에서는 늘 그와 동행하고 있고 〈황폐한 거리›에서는 할로페리돌 약물로 거의 의식불명의 상태에서 함께 술에 취하는 인자한 수호천사 역할을 하고 있다. 누이이자 뮤즈인 카먼은 부정적이든 긍정적이든 모든 형태의 중독 속에서도 가브리엘과 함께 머물러 있음을 알 수 있다.

보호자 가족인 우리에게 사랑하는 아들의 정신적이고 정서적인 상태는 일상의 부담이었기 때문에 우리는 역할분담을 철저히 해야만 했다. 재니스는 보험과 투약의 문제, 사회보장 혜택, 재무상태 등의 문제를 담당하는 현실적 수호자였다. 또한 재니스는 커리어를 쌓기 위해 오랫동안 애를 쓴 작곡가이자 연주자로서의 자신의 경험을 알려주면서 가브리엘의 예술가 멘토 역할을 하기도 했다. 그리고 가브리엘은 카메라맨이자 무대스태프이자 조수로서 재니스의 콘서트와 영상제작을 도와주는 충실한 조력자였다. (가브리엘이 아기였을 때 재니스가 작곡한) 블레이크의 ‹광기의 노래›의 합창곡은 가브리엘의 영화 ‹광기의 대화›의 영화음악이 되었다. 물론 가브리엘은 엔딩 크레딧에 재니스의 이름을 언급하지도 않은 채 음악을 가져다 썼다. 재니스는 가브리엘의 투쟁을 의학적이거나 정신의학적인 문제일 뿐만 아니라 예술적인 문제로서 바라볼 수 있게 해주었다. 아무도 자신의 영화를 진지하게 받아들이지 않는다고 가브리엘이 불평했을 때에도 재니스는 예술가의 삶이라는 세계로 들어선 것을 축하한다면서 가브리엘을 격려하곤 했다. 오늘날 이 나라에서 진지한 예술가로서 성공하는 것이 얼마나 어려운지를 알기 위해서는 아방가르드 음악 작곡가가 되는 것 만한 일이 없을 것이다. 재니스는 가브리엘에게 예술적으로 현실을 체험할 수 있게 해주는 사람이었다.

　카먼은 가브리엘의 정신적 조언자였고, 전화로 오랫동안 이야기를 나누고 가끔 로스앤젤레스로 기분전환 여행을 하게 해주는 친구였다. 나는 가브리엘의 영화 친구, 스포츠 친구, 독서 친구였다. 우리는 전화로 시카고 불스팀을 찬양했고, 고다르 그룹과 슈퍼히어로 영화 모임에서 영화 몰입치료를 함께했으며, 블레이크와 니체, 들뢰즈와 가타리를 함께 읽었다. 나는 지금도 『안티 오이디푸스』의 정신분열분석을 가브리엘과 읽었던 일이 좋은 일이었는지 아닌지 확신할 수 없다. 하지만 정신병 증상을 자본주의, 인종차별주의, 식민주의, 고문, 노예제도, 감금, 마약, 학대, 소외, 유기, 전쟁, 인종학살로 투사하는 가브리엘의 시도에 나는 공감했다. 이러한 집단적 광기의 일반화된 증상들을 분석하고 비판하는 것이 우리 자신을 비난하거나 친구들, 나쁜 유전자, 정신의학의 단점들을 비난하는 것보다는 훨씬 나았다. 가브리엘은 식민주의의 정신병리학에 대한 프란츠 파농의 비판과 미국의 테러와의 전쟁을 비교하면서 광기의 정치화에 대해 배웠고, 광기의 개인적 형태를 사회적으로 부과된 정체성이자 깊은 존재론적 파급효과를 가지는 사회적 구성물로 보는 것에 대해 배우게 되었다. 가브리엘은 "정상인"의 세계에서 아웃사이더 장애인이라는 지위로 정의되는 소수자로서 삶을 살기로 확고히 결심했다. 조현병에 대한 가브리엘의 호전적 태도(사람들을 만나자마자 자신이 조현병이라는 것을 밝히겠다는 고집)는 이런 면에서 그에게 그다지 도움이 되지 않았다. 나는 가브리엘에게 그의 상태를 사적인 문제로만 다루는 것이 좋겠다고 조언했다. 어떤 사람과 깊이 친해졌을 때에만 이야기를 털어놓도록 말이다. 나의 좋은 충고가 대부분 그러했듯이 이것도 받아들여지지 않았다. 가브리엘은 발병 후 십여 년 동안 자신의 친구들이 다 커서 결혼하고 아이를 갖는 것을 지켜보았다. "내 인생은 대체 언제 시작되는 걸까요?" 가브리엘은 내게 묻곤 했다.

13

가브리엘 미첼의 사례에 관하여

만일 가브리엘의 질문에 대한 답이 바로 여기, 바로 지금 이 책에 있다면? 이 책은 최소한 글로나마 그의 "삶"을 기록한 "전기"가 아닌가? 이것이 가브리엘이 원했던 삶이 아닌가? 자신의 이야기의 주인공이 되는 것 말이다. 하지만 그렇지 않다. 가브리엘은 '나의' 이야기의 주인공이 되었을 뿐이다. 이것은 내가 원했거나 그의 미래로 꿈꾸었던 그런 이야기가 아니다. 가브리엘은 이미 자신의 영화에서 자신의 삶을 써내려가고 있었다.

　내가 가브리엘의 인생 이야기에 관해 글을 쓰기 시작하자 친한 친구가 내게 물었다. "자네는 왜 자네 아들 이야기를 하나의 사례로 바꾸고 싶어 하는가?" "지금 내가 하고 있는 것이 그것인가?" 하고 나는 반문했다. 그 질문은 나를 얼어붙게 했다. 이 책은 텔레비전 드라마에 나오는 탐정들이 강박적으로 집착하는 그런 미해결 사건들 중 하나인 걸까? 가브리엘의 죽음 직후에 나는 그의 타살 가능성에 대해서도 생각하고 싶었다. 가브리엘이 뛰어내린 것이 아니고 누군가가 그를 밀쳤다면? 왜 뛰어내릴 거였다면 메모 한 장 남기지 않은 걸까? 하지만 ⟨광기의 대화⟩에 이미 추락과 비행의 이미지라는 영화적 자살 메모가 있었다. 지금 돌이켜보면 너무나 명확하다. 그러니, 이 죽음에는 풀어야 할 미스터리가 존재하지 않는다면? 이 차가운 미해결 사건에 생명과 따뜻함을 불어넣을 방법이 없다면?

사람들은 재니스와 내가 가브리엘의 죽음 직후 영안실을 방문했을 때 그의 시신을 보지 않는 것이 좋을 것이라고 충고했다. 그 장면이 영원히 우리를 따라다닐 것이라고 말이다. 하지만 우리는 차갑고 하얀 방에서 하얀 천으로 겹겹이 싸여 있는 그의 시신을 손으로 만져봐야 한다고 고집했다. 수의로 싸여 있는 산산조각난 우리 아들 시신의 그 익숙한 모습을 확인하고 거기에 우리 손을 올려놓고 싶었다. 나는 지금 수의에 싸인 가브리엘의 시신을 내가 할 줄 아는 유일한 방식인 글쓰기로 확인하고 있는 것인가? 내가 가브리엘을 하나의 사례로 전환하여 사례사를 쓴다는 사실을 받아들일 수만 있다면 가능할 것 같다. 나는 "세계는 사건들['case'는 사건이기도 하고 의학적 사례이기도 하다. — 옮긴이]의 총합이다."라는 비트겐슈타인의 명제에 위안을 받았다. 하지만 나는 그 명제를 뒤집어서 '하나의 사건은 세계 전체이다.'라고 주장하고 싶다. 이때의 세계는 '하나의' 세계가 아니라, 그 세계를 가지고 오는 사람의 죽음으로 끝나는 바로 '그' 고유한 세계이다. 가브리엘과 함께한 나의 삶은 이 세계에서 가브리엘이 존재했고 이제 떠났다는 그 특수하고도 고유한 사건에 근거한다. 하지만 그것만이 다는 아니다. 하나의 사례는 그 이상이다. 그것은 전형적인 것을 뛰어넘어 많은 세계들을 향해 하나의 세계를 열어젖힌다.

의학에서 사회학, 범죄학, 과학수사에 이르기까지 많은 분야가 '사례'의 개념에 의존한다. "사례사"는 특히 정신분석학에서 두드러진다. 고전적 '말하기 치료'의 주요 목표는 피분석자가 자기 검열을 하지 않고 자신도 모르는 내밀한 세계를 드러내도록 만드는 것이다. 그러한 사례사는 따라서 기존의 고정관념으로 꼬리표가 붙고 도식화된다. 우울증, 양극성 장애, 조현병, 치매, 히스테리, 나르시시즘, 망상증, 신경증, 강박증 등의 이름이 붙여진다. 정신의학에서 사례사는 어느 특수한 인물의 고유성과, 그를 어떤 특정한 정신질환의 "하나의 사례"라고 선언하는 일반화 사이의 공간에 자리잡고 있다. 정신의학의 사례는 질서잡힌 정상성과 건강함에 반대되는 "질환" 혹은 "질병"이라는 판단을 수반하는 규범적 범주이다. 이 때문에 오히려 역설적으로 비정상성의 규범화된 이미지를 만들어낸다. '종'이라는 일반적 범주가 규범에서 벗어난 변종이 아니라 "좋은 표본"에 근거하며 "정상적 변종"이라는 역설적 표현이 가능한 생물학 같은 분야와는 정반대이다. 법적 사례의 경우에는 "어려운 사례가 나쁜 법을 만든다"는 말이 있다. 오직 "쉬운" 사례만이 명확하다. 정신질환의 사례들은 그것에 적용되는 고정관념보다 항상 더 복잡하며 종종 변칙적이기도 한 '어려운 사례들'이다.

생물학적 분류법이나 법적 사례와 같은 엄밀함이 "정신질환의 사례"에서는 결코 가능하지 않다. 이는 부분적으로는 인간이라는 개체가 무한히 복잡하기 때문이다. 하지만 또한 '개인'이라는 범주의 경계가 그 자체로 정신질환에서는 문제적이기 때문이기도 하다. 가족과 사회적 환경, 개인의 역사, 계급, 성별, 인종적 정체성과의 관계가 그 개인의 사례를 결정하는 데에 있어서 모두 중요한 역할을 한다. 무엇이 그 사례에 속하는지, 혹은 무엇이 적합한지에 대한 기본적 질문은 구체화하기에 다소 어려울 수도 있다. 거울로 무한한 깊이를 반사하는 유한한 상자인 〈무한 큐브〉처럼 영혼은 하나의 우주이다. 가족, 공동체, 그리고 심지어 더 큰 역사적 세계가 모두 그 사례 안에 반영되어 있다.

사례사가 증상들의 리스트를 참조하고 다른 사례들과 비교하는 "객관적인" 정신의학자의 손으로 쓰여진 것이 아니라 그 사례 '내부에' 존재하고 깊이 얽혀 있는 가족 구성원에 의해 쓰여진다면 문제는 더 복잡해진다. 가브리엘 미첼의 현 사례에서는 그의 아버지가 아마추어적인 분석으로 개입하면서 개인적 회고록으로서 이 사례사를 쓰고 있다. 정신분석가라면 분명 이 아버지-아들의 역학이 이 사례의 구조적 핵심이라는 사실을 발견할 것이다. 마치 오이디푸스의 아버지가 무덤에서 돌아와 오이디푸스의 어머니와 누이, 친척, 그리고 친구들과 함께 오이디푸스 콤플렉스를 가늠해보고 있는 형국이다. 아니면 슈레버 판사의 질병의 원인이 된 엄격한 훈육의 왕국을 구축한 슈레버의 아버지가 아들 이야기를 하러 돌아온 형국이라고도 할 수 있다. 따라서 가브리엘 미첼의 사례는 그의 인생사에서 중요한 역할을 한 많은 사람뿐만 아니라 그 사례사의 저자까지도 포함하고 있다. 따라서 이 이야기는 어쩔 수 없이 불완전하다. 가브리엘의 자살을 이해해보려는 불가능한 소망과, 그의 죽음의 끔찍한 불공평함을 어떻게든 바로잡아 보려는 정의감과, 그가 그토록 소망했던 명성을 그에게 가져다주고 싶은 욕망과, 그를 지켜주고 구해주지 못한 실패에 대한 고백과, 그의 죽음에 대한 끝없는 비합리적 부정과, 그리고 나 자신의 죽음을 서서히 받아들이는 자각 등의 서로 상충하는 욕망을 담은 불완전한 이야기인 것이다.

　나는 결국 이 사례를 파헤친다거나 종결한다거나 할 수가 없고, 그저 레너드 코헨의 노랫말에서 작은 위안을 찾을 뿐이다. "아직 종을 울릴 수 있을 때 종을 울리세요 / 당신의 완벽한 제물은 잊어요 / 모든 것에는 갈라진 틈이 있지요 / 빛이 들어올 수 있는 건 바로 그 틈을 통해서랍니다."

　나는 천재적 조현병 환자의 고전적 사례인 다니엘 파울 슈레버 판사에 대해 여러 번 언급한 바 있다. 그는 1880년대에 독일 드레스덴 고등법원 판사회의 의장을 맡았던 정신병 환자였다. 그는 명민한 법관이었으나 지독한 정신착란적 광기에 빠졌고, 그후 『한 신경병자의 회상록』을 썼다. 이 책에서 그는 자신이 신에 의해 임신하여 새롭고도 진화된 인간 종을 낳음으로써 세상을 구원한다는 새로운 신학을 완성한다.

　자신이 조현병의 사례라는 사실(아니면 사례'였다'는 사실)을 인정하는 기분이 들 때면 가브리엘은 자신을 윌리엄 블레이크와 같은 예술가와 동일시했다. 가브리엘에 따르면 블레이크는 "광기를 작동하게 함으로써" 상상력을 통해 세계의 체계를 창조해내려고 했던 예술가였다. 광기는 예술작품을 창조할 수 없는 비생산적인 상태라는 푸코의 생각에 가브리엘은 반대하려 했다. 가브리엘은 광기를 자기 작품의 재료이자 방법론으로 만들려고 결심했다. 따라서 가브리엘의 활동은 조현병 자체와의 투쟁이었다. 자신을 무능력하게 하는 증상과 낙인에 대한 복합적인 저항인 동시에 반영이었던 것이다. 지적 수준이 높은 조현병 환자는 때로 정상성과 유사한 상태를 유지하는 것이 가능한 동시에 자신의 경험에 대한 탐구와 충실한 보고도 가능하며, 또한 신경증적 성향을 가진 우리와 같은 정상인들에게 감동적으로 이야기를 전달하는 통찰력을 보여주기도 한다. R. D. 랭은 이렇게 쓰고 있다. "아마도 우리는 우리에게 되돌아온 조현병이라고 불리는 사람들을 받아들이는 법을 배우게 될 것이다. […] 르네상스를 탐구했던 이름 없는 사람들만큼이나 깊은 존중감을 가지고 말이다. 만일 인류가 계속 살아남는다면, 미래의 사람들은 우리의 계몽된 시대를 분명한 암흑의 시대로 돌아보게 될 것이다." 랭은 여기에서 조현병을 낭만화하는 것이 아니다. 그는 "우리에게 되돌아온" 천재적이고 운 좋은 소수를 제외하고는 대부분의 이러한 상실된 탐구자들의 목소리를 들을 수 없으리라는 것을 알고 있다. 그리고 가브리엘처럼 우리에게 되돌아온 이들은 오직 파편적으로만 자신의 목소리를 들려줄 뿐이다. 인간 의식의 알려지지 않은 한계를 스치듯 보여주지만 그들을 유명하게 하고 기억되도록 만들 "그 작품"을 결코 완성하지 못한 채.

나는 '천재적'gifted이라는 단어의 모호함을 모두 포용하는 방식으로 그 단어를 사용한다. 마르셀 모스부터 자크 데리다에 이르는 사상가들은 '선물'gift이 양날의 검이라는 사실을 우리에게 가르쳐주었다. 모스에 따르면 선물을 상호교환하지 못하는 것은 수치가 되고 심지어는 예속의 상태가 되게 하기도 한다. 그리스의 신들은 광기의 예언자인 카산드라에게 예언이라는 선물을 주었으나 그것과 함께 결코 남들의 신뢰를 받지 못하는 저주도 함께 내렸다. 헤라클레스는 압도적인 힘이라는 재능을 받았고, 그 재능으로 괴물들의 세계를 청소하고 아틀라스의 역할을 하며 자신의 어깨로 세상을 붙들 수 있었다. 하지만 그는 광기라는 내면의 괴물을 쫓아내지는 못하였고, 결국 자신의 가족을 몰살하기에 이르렀다. 조현병의 가장 흔한 저주받은 재능은 과대망상과 더불어 신과 천사에 대한 환시를 보는 능력이다.

조현병은 때로 그 희생자에게 정상적이고 통제가능한 정신/뇌의 기능들(꿈, 환상, 기억, 연상, 생각의 전지전능함)을 확대하고 과장하여 기괴하게 비틀어버리는 과잉된 정신 상태를 만든다. 슈레버 판사의 사례에서 슈레버는 과잉된 사고과정 때문에 주변 사람들에게 늘 멍하고 긴장증에 빠져 있는 사람으로 보였다. 그 때문에 조현병 환자들이 외부세계로부터 내면세계로 빠져드는 것은 아주 기이함에도 불구하고 "정신적 삶"의 의미에 대한 통찰을 제공한다. 카먼은 가브리엘이 발병한 후에는 우리에게 그토록 익숙했던 사교적이고 관대한 모습이 없어지고 완전히 다른 사람이 되었다고 말했다. 늘 꿈꾸는 듯했던 가브리엘의 모습은 텅빈 시선으로 어딘가를 집요하게 응시하는 긴장증 환자의 모습으로 바뀌었다. 가브리엘이 태어났을 때 카먼은 가브리엘을 "나만을 위한 예쁜 인형 선물"이라고 표현했었다. 조현병과의 사투 마지막에 이르러서는 가브리엘의 어릴 때 모습이 돌아왔다. "가브리엘의 두 번째 육화된 모습이 등장했다. 내가 어릴 때 알던 것보다 더 용감한 투사인 동시에, 말 그대로 자기 옷까지 다 벗어서 남에게 기꺼이 주는 너그러운 사람의 모습이었다." 가브리엘은 고민이 듬뿍 담긴 선물을 주는 사람이 되었다. 그의 그림, 모형, 돈, 옷, 시는 모두 상대방의 것이었다. 그는 조현병이라는 저주받은 선물을 그것을 비추는 거울에 반사시킴으로써 되돌려주었다. 페르세우스가 메두사에게 거울로 스스로의 모습을 보게 함으로써 메두사를 물리쳤듯이 말이다.

가브리엘은 광기를 통과하는 자신의 여정이 천재적인 조현병 환자들뿐만 아니라 자신과 같은 미지의 "아웃사이더"에게도 닿기를 희망했다. 무명의 괴짜 예술가들, 외상후증후군을 앓는 퇴역군인들, 미국 대도시의 거리와 시골길을 떠도는 이름 없는 부랑자들과 노숙자들, 그리고 때로 이들과 함께 어울리는 난민들과 불안정한 추방자들의 공동체 모두를 포함하는 아웃사이더들 말이다. 푸코의 『광기의 역사』가 보여주는 가장 중요한 지점은 광기가 위세를 떨치던 "그 침묵의 역사"를 이야기하려는 시도라고 가브리엘은 말한 적이 있었다. 그 때문에 가브리엘은 자신에게 유명세를 안겨주리라고 희망했던 자신의 웹사이트에 자신의 이름 없음을 조롱한 것이었다. "나에 대해 여러분이 알아야 할 첫 번째 사실은 나의 위대한 성취 대부분이 웹사이트에는 담길 수 없는 것이라는 점이죠. 내가 해온 것들을 여러분이 이미 알고 있다면, 여러분은 제 친구이거나 가족이겠죠. 나는 사람들이 나의 모든 작업을 알게 된다 해도 개의치 않아요. 나는 수치심이 없거든요!" "가족인 사람"으로서 나는 이 말들에 숨어 있는 라임을 듣는다. 명성을 갈구하면서도 수치심에 대해 이야기하는, 과대망상인 동시에 아이러니이며 허풍 떠는 동시에 자조하는 코미디의 어조를 나는 느낀다.

이러한 자아과대증과 함께 오는 것은 바로 비범한 이타심을 수반하는 타인과의 경계 상실이다. 가브리엘의 첫 번째 충동이 노숙자들 무리에 합세하여 자신의 겨울 코트를 줘버리는 것이었다는 사실은 놀랍지 않다. 〈광기의 대화〉 처음에 가브리엘이 인터뷰한 사람들은 거리의 사람들이었다. 그 영화에서 가브리엘은 "여자친구가 닌자에게 납치되었습니다. 인질협상을 하고 쿵푸를 배우려면 돈이 필요합니다."라고 적힌 판지를 목에 건 노숙자인 "샌드위치맨"과의 만남에 관해 이야기한다. 가브리엘은 전혀 주저함 없이 그에게 5달러를 줘어주고는 인터뷰를 해도 될지 물어본다. 경찰 사이렌이 배경에서 울리는 가운데, 샌드위치맨은 미소를 띠면서 가브리엘의 관대함에 감사하고, 가브리엘은 카메라로 그가 메고 있는 판지를 훑는다. 하지만 내가 같은 거리를 가브리엘과 걸었을 때 가브리엘은 자신이 돈과 담배를 후하게 나눠주는 사람으로 알려져서 거지들이 계속해서 자신을 귀찮게 한다고 불평하곤 했다.

자아과대증이 관대함을 가능하게 하는 조건이었을까, 아니면 그 반대일까? 가브리엘과 내가 광기의 역사에 대한 영화를 제작하기 위해 이미지를 모으기 시작했을 때, 나는 그가 수집하고 싶어 하는 이미지들의 모순적 성격을 보기 시작했다. 동물성의 형상과 신성의 형상, 무의미의 형상과 합리성의 형상, 고난의 형상과 환희의 형상, 고독한 고통의 형상과 카리스마적 힘을 보여주는 형상을 함께 수집하는 식이었다. ⟨광기의 대화⟩에서 가브리엘은 ⟨바닐라 스카이⟩에서 톰 크루즈가 높은 곳에서 뛰어내리는 이미지에 깔리던 거친 배경 사운드를 지우고, 우리의 세계화된 문화가 "세상이 광기에 빠지는 방식까지도 균질화하고 있다"는 심리학자 에단 와터스의 차분한 목소리를 깔고 있다. 마치 슬로 모션으로 보이는 자살 장면이 정신의학의 세계화에 대한 차분한 반성 때문에 더욱 더 느린 슬로 모션이 되는 것만 같다. 가브리엘은 자이프렉사라 불리는 항정신병제제의 형태로 서양 의학을 수용하면서도 서양 의학의 환원적 경향에 대해 저항하고 싶어 했다. 문화와 역사적 시대를 넘나드는 광기의 무한한 변형들을 추적하고자 하는 그의 야망은 그 어떤 경계나 구별도 허락하지 않을 것이었다. 샤먼에서 미친 광대, 침묵하는 신비주의자, 광기에 빠진 왕, 미친 과학자에 이르는 모든 것이 그의 재료가 될 것이었다. 아프리카 서부에서 "신들린 제사장들"이 영국 식민주의를 패러디하는 제사를 지내는 것을 장 루쉬의 다큐멘터리가 보여주는데, 가브리엘은 여기에서 집단적 광기가 정치적 저항의 양식이 되고 있으며 그 세계를 신들린 제사장들이 열어주고 있다고 보았다. 가브리엘은 또한 스파이크 리의 ⟨뱀부즐리드⟩를 대중의 히스테리에 대한 예언적 환상으로 보았다. 그 영화에서 대중의 히스테리는 인종차별주의가 종식되었다고 하는 시대에 흑인 민스트럴 쇼가 성공적으로 부활하는 것으로 드러난다. 나는 가브리엘의 영화를 위해 내가 수집해야 할 광기의 아틀라스에는 그 어떤 한계도 없을 것이라는 사실을 명확히 깨닫게 되었다.

하지만 우리는 어디든 시작점을 찾아야 했다. 2011년 겨울에 우리는 "광기를 바라보기"라는 제목이 붙은 세미나를 개최했다. 누구의 아이디어였는지는 기억나지 않는다. 그저 그 불가능한 아틀라스에 포함시켜야 할 것들을 생각하기 시작하면서 자연스럽게 굳어졌던 것 같다. 처음에는 샌더 길먼의 저서인 『광기에 빠진 자를 바라보기』에 삽입된 시각적 아카이브를 검토했고, 이후 정신병 환자, 정신과 의사, 수용소 등에 대한 무수한 영화들을 탐구했다. 하지만 ⟨광기의 대화⟩는 어둠 속에서 시작되며, 카먼의 목소리가 멀리서 들린다. "정신병이 현실에서는 무엇인지… 왜냐하면 나는 그걸 잘못 재현하는 영화들이 많다고 생각하거든." 가브리엘의 목표는 단지 광기를 가시화하기 위해 광기의 사례들을 수집하는 것뿐만 아니라, 광기 자체를 비판적 틀로 삼으면서 광기를 '통해' 세상을 보는 동시에 광기를 '넘어서려는' 것이었다.

만일 가브리엘이 살아 있었다면, 우리는 분명 집단적 현혹으로 이끄는 광적인 국가 권력이라는 문제를 추적하고 있었을 것이다. 도널드 트럼프 정부는 우리 아카이브에서 중심 역할을 했을 것이다. 왜냐하면 그의 정치적 기반의 이미지라 할 수 있는 "미친 티 파티"가 이미 가브리엘의 ⟨광기의 대화⟩에서 집중적으로 다루어지고 있기 때문이다. 가브리엘은 성경의 네부카드네자르에서부터 플라톤의 "바보들의 배" [플라톤의『국가론』에 등장하는 우화. —옮긴이]와 리어왕, 데카르트의 "사악한 천재", 미친 왕 조지 3세에 이르기까지 권력과 광기와 종교가 깊이 엮여 있는 미로를 탐사했다. 기독교의 신과 성직자들은 선하고 현명하며 "서구 문명"은 합리적 계몽의 힘이라는 위안을 주는 서사로 부터 우리가 빠져나오자, 어느 아프리카 부시맨의 관점에서 서구 문명을 반성하는 1980년의 영화인 ⟨그 신들은 분명히 미쳤나 봐⟩[이 영화의 한국어 제목은 ⟨부시맨⟩이다. —옮긴이]를 발견하게 되었다. 또한 우리 세미나는 17세기 프랑스에서 마녀와 엑소시즘, 악령에 대한 광적인 사회적 몰두를 다룬 켄 러셀의 영화 ⟨악령들⟩을 함께 봄으로써 대중의 히스테리와 국가 폭력이라는 어두운 영역으로 향하게 되었다.

우리 세미나는 고전 그리스 시대의 광적인 신과 영웅들, 중세의 바보들, 히에로니무스 보스의 고문받는 장면들, 성녀 테레사의 희열, 뒤러의 ⟨멜랑콜리아⟩, 고야와 블레이크가 묘사하는 미친 사람들, 프랑스 혁명기에 광인들의 해방, "진정용 의자", 감금 침상, 물 치료, 전기 충격 등의 시설을 갖춘 19세기에 등장한 수용소 등등을 종횡무진 누볐다. 조현병과 연관되는 자의식과 고립, 현실로부터의 물러남은 초현실주의의 "편집증적 방법"이 예시하듯 모더니즘 미학에 고유한 특질이라는 루이스 사스의 『광기와 모더니즘』에 나오는 테제를 우리는 기쁘게 받아들였다.

가브리엘의 광기에 대한 영화 아카이브는 이미 ⟨칼리가리 박사의 밀실⟩(1919)과 1926년 일본의 걸작인 ⟨광기의 페이지⟩, 그리고 최근에 나온 ⟨뷰티풀 마인드⟩와 ⟨셔터 아일랜드⟩까지 포함하고 있었다. 가브리엘은 자신이 이미 너무나 잦은 악몽을 꾸고 있었기 때문에 ⟨샤이닝⟩과 같은 공포스러운 결말을 보여주는 영화는 멀리해야 하고, 대신 사회적 배경에서, 특히 수용소에서의 광기를 보여주는 영화들(‹충격의 복도›, ‹스네이크 핏›, ‹데이비드와 리사›, ‹처음 만나는 자유›, ‹나우 보이저›)을 다루어야 한다고 주장했다. 그리고 잉그리드 버그만이 정신분석가를 연기하는 히치콕의 ‹스펠바운드›도 포함시켜야 한다고 했다. 또한 비위계적인 의사/환자의 공존가능성에 대한 R. D. 랭의 무정부주의적이고도 실존주의적인 실험을 보여주는 다큐멘터리 영화인 피터 로빈슨의 ‹수용소›는 미국 정신병원인 브리지워터 메사추세츠 교정기관의 끔찍한 실태를 폭로하는 고전적 다큐멘터리인 프레더릭 와이즈먼의 ‹티티컷 폴리즈›(1967)와 나란히 연결되었다. 물론 가브리엘은 반정신의학 운동을 보여주는 영화들을 자신의 작품에 포함시키려고 했다. 스탠리 큐브릭의 ‹시계태엽 오렌지›와 ‹뻐꾸기 둥지 위를 날아간 새›는 ‹광기의 대화›의 출발점이 되었다. 미국의 테러와의 전쟁에 대한 우리의 공동작업은 고문, 행동교정, "세뇌"와 정신의학의 공모에서 완벽하게 영화적으로 예언되어 있다고 할 수 있다. 군대에서 자살자의 숫자가 전투 사망자의 숫자를 뛰어넘기 시작하자, 슈레버 판사가 "영혼 살해"라고 불렀던 것은 더욱 더 심각한 위험인 것으로 드러났다.

따라서 가브리엘이 그리는 "광기의 역사"는 장 뤽 고다르의 9시간짜리 ‹영화의 역사›에 버금가는 작품으로, 다양한 문화적 아카이브를 아우르면서 근대성과 영화의 접점에서 광대한 이미지와 사운드와 텍스트의 흐름을 보여주기로 약속했었다. 광기는 "집단과 정당, 국가, 시대"를 뛰어넘어 더 보편적인 인간이라는 '종'의 고통일 수 있다는 니체의 말도 함께 보여주고자 했었다. 가브리엘의 "바보들의 배"는 푸코의 추방과 배제의 공간이 아니라 모든 것을 포섭하는 '지구 우주선'이라는 배가 되었을 것이다. 이는 마치 에라스무스의 『우신예찬』을 현대적 버전으로 만든 것과 같다. 이 지구 우주선은 ‹지구에 떨어진 사나이›라는 니콜라스 로그의 영화에서 영감을 받은 것으로, 이 영화는 인간 종을 이해하기 위해서 동시에 여러 텔레비전 채널을 보다가 미쳐버리게 되는 어느 외계인을 다루는 우화이다.

‹광기의 대화›는 가브리엘의 완성될 작품이 보여주는 영화적 형식을 미리 보여주고 있다. 광기를 다루는 영화들에서 가져온 클립과 스틸컷을 힙합으로 믹스한 배경음악 속에서 펼쳐보이는 ‹광기의 대화›는 인터뷰와 연주, 언론 클리핑에서 따온 목소리들을 혼란스럽게 깔면서 현대적 광기의 현상을 기록하려한다. 가브리엘은 이 모든 사운드와 이미지를 감각적 혼란 속에 영화적으로 배치함으로써 그 자체로 조현병적인 영화적 미장센을 구성했다. 이 미장센은 영화라는 장치의 성격 자체에 집중하면서, 특수효과를 통해 스크린이라는 공간 속에서 펼쳐진다. 가브리엘은 ‹광기의 대화›를 두 가지 추상적인 공간으로 마무리한다. 첫 번째는 수학적으로 구성된 격자의 공간이고 두 번째는 작은 사람 형상들이 빨려 들어가는 것을 보여주는 소용돌이의 공간이다. 이는 질서와 무질서, 합리성과 그가 보여주고자 했던 광기 사이의 기본적 변증법을 드러내준다. 이 추상적 형태들의 의미는 하나로 고정되지 않는다. 그 영화에 대한 대화 도중에 가브리엘은 격자가 정신치료의 합리성뿐만 아니라 자아과대증이라는 감옥과 쉽게 연결될 수 있다고 말했다. 그리고 소용돌

이는 그에게 모래 한 알에 담겨 있는 무한이라는 블레이크의 상징을 생각나게 한다고 했다. "무한의 본성은 이것이다: 모든 것은 / 자신만의 소용돌이를 가지고 있다."

자신이 계획하고 있는 영화에 대한 "지도"를 미리 작성하는 것은 지도라는 아이디어 자체를 되돌아보는 방향으로 향하게 된다. 그것은 자신의 눈앞에 온 세상을 세우겠다는 광적인 시도이자, "우리는 신의 첩자였다."라고 일갈했던 광기에 휩싸인 리어왕처럼 모든 것을 바라보겠다는 시도이다. 그것은 헤라클레스의 임무가 될 것이었고, 이러한 임무는 이미 인간 행동의 열정과 병리학의 보편적 지도를 제작하겠다는 조현병 미술사가인 아비 바르부르크의 야망에서 드러났었다.

그 영화에 대한 우리의 환상은 하나로 융합되고 있었으며, 가브리엘의 꿈은 학자로서의 나의 삶을 송두리째 쏟아부어야 하는 것이라는 점이 지금쯤이면 명백해졌을 것이다. 아니면 다르게 볼 수도 있을까? 내가 가브리엘의 프로젝트를 집어 삼켜서 내 것으로 만들어버린 것일까? 어떤 식이든 나는 여전히 그것에 사로잡혀 있으며 그 안에 있다. 내 안의 있는 어떤 나는 가브리엘과 함께 옥상으로 가서 가브리엘과 함께 추락하고 비행하고 있다. 그것은 나의 최고의 버전이다. 그 나는 가브리엘과 함께 사라져버렸는가? 그가 창조했던, 그리고 바로 그 자신이었던 그 사례, 아니 그 세계 속으로 그와 함께? 나는 아직도 그를 보내지 못하겠다. 그래서 이 책을 어떻게 끝내야 할지도 모르겠다. 아니, 정말 끝내고 싶은지도 사실은 잘 모르겠다. 아버지로서의 역할에 실패했다는 나의 죄의식이 줄어들지도 않았다. 하지만 그렇다고 해서 그가 우리에게 선사했던 그의 삶에 대한 경탄의 마음이 사그라든 것도 아니다. 나는 그가 위대한 무명 예술가라고 주장하려는 것이 아니다. 가브리엘은 반 고흐가 아니라, 그러한 야망을 느꼈지만 그것을 실현하기 전에 쓰러져버린 어떤 사람이다. 그가 우리에게 준 것은 하나의 "작품"보다도 더 심오한 것이었다. (따라서 푸코는 결국에는 옳았다.) 그것은 바로 조현병을 유용한 것으로 바꾸면서 조현병을 작동하게 하자는 아이디어이자 개념이었다. 가브리엘은 자신의 〈무한 큐브〉를 결코 완성하지 못했다. 하지만 그는 그 모형을 만들었다. 그리고 앤터니 곰리가 그것을 세상에 구현되도록 했다. 가브리엘은 결코 9시간짜리 영화를 만들지 못했고 아카데미 시상식장의 레드 카펫을 걸어보지 못했다. 하지만 그는 조현병에서 어떻게 살아남을 수 있는지, 그리고 잠시나마 조현병을 어떻게 이겨낼 수 있는지에 대한 모범을 보여주었다. 가브리엘은 작품을 완성하지는 못했지만, 결코 완결될 수 없을 위대한 일을 나에게 남기고 떠났다.

후기

가브리엘에게 보내는
재니스 미저렐 - 미첼의 시

2012년 6월 27일, 가브리엘에게 엄마가

어떻게 이렇게 가버릴 수 있니
너에 대한 사랑과 너로부터의 사랑으로
네 주위 모든 것이 소용돌이치는데

어떻게 이렇게 가버릴 수 있니
이렇게 우리는
네가 남긴 조각품, 그림, 사진, 영화, 비디오를 보고
네가 쓴 시나리오를 읽고
네가 부른 노래를 듣고 있는데,

우리 마음의 눈으로 볼 때
늘어진 모자에 헐렁한 바지를 입고
백팩을 메고 담배를 피워 물고
조용히 뭔가를 생각하면서 앞을 응시하면서 걷고 있는
네가 듣는 소리를 우리가 알 수 있을까?
무엇이 네 마음을 움직이게 하는지
왜 그 무엇은
너를 마음속에 꼭 부둥켜안고 있는
널 사랑하는 사람들 모두로부터
널 밀어낸 건지,

너는 가버렸지 가버렸지 가버렸지 — 너는 너는
정말로 너는

너는 이제 다른 형태로 존재하지
우리가 쌓은 기억과 글과 이미지와 대상에 존재하는 형태로
　　　그렇게

너의 유머, 너의 포옹, 다른 사람들에 대한 너의 걱정,
너의 기분, 너의 분노, 가슴을 후벼파는 너의 비난,
너의 아름다움, 너의 장난스러움, 너의 에너지, 너의 기쁨,
너의 너그러움, 너의 성장, 너의 새로운 능력들을

이제 우리는 더 이상 볼 수 없겠지

너는 가버렸지 가버렸지 가버렸지
너는
너는 우리와 함께 있지
너는 여전히 우리와 함께 있지
너는 여전히 우리와 함께 침묵 속에 있지
기억 속에
작품 속에
행동 속에
사랑 속에

이제 다시는 네 꿈을 볼 수 없다는 걸 알아
배우자를 만나서 아이를 낳고 가정을 꾸리는 것
인정받는 것
자아를 실현하는 것

하지만 너는 아직 끝나지 않았어
생각은 빛의 속도보다 더 빨리 간다고

사랑은 심연 속에 영원히 계속될 수 있다고
너는 말했었지

나는 너를 지워버릴 수 없어
나는 죽을 때까지 너를 버릴 수 없어
나는 너를 버리지 않을 거야

나에게 너는 가버리지 않았어
영원히 나에게 너는 사라지지 않을 거야
우리에게 남은 시간 동안
우리는 온 사랑을 바쳐
너를 살아 있게 하려고
노력할 거야

너는 가버리지 않았어, 너는 가버리지 않았어
너는 여기에 있어

　　　— 너의 마마, 마마시타, 요마마, 요요마마,
　　　　요요마이모네이드, 모미스, 맘으로부터

2012년 6월 27일

2012년 8월 3일 금요일에

네게 무슨 일이 있었는지
이제 나는 알 것 같아
어떻게 그 목소리들이 갈수록 커지고 시끄러워졌는지

마구 뒤섞여서 소리지르고 화내고 증오하고 비난하던 그
    목소리들

네가 그 목소리들을 어떻게 들었을지
네가 그 목소리들을 듣고 있는 걸 내가 어떻게 봤는지
내가 그 목소리들을 듣고 있다고 내가 어떻게 생각한 건지
그리고 그것은 네가 들었던 것이 아님을 내가 어떻게 아는지
네가 들었던 건 훨씬 더 끔찍했겠지

하지만 이제 나는 들었어
내면에서 그리고
바깥에서
그걸 보았어

영화처럼

실제처럼

사방에 있는 것처럼

너는 담배를 피우면서
발코니에 있지
너는 그 목소리들을 계속 듣고 있었지

이제 모든 것이 떨리고 있어
나를 둘러싸고 더 가까이 다가오는
그 공기, 그 소리,
그 모든 증오,
그 모든 말들이
나를 떨게 하고
나를 치고 있어

나는 도망치지
난간 너머로

나는 그 목소리들에서 자유로워질 거야
나는 자유로워질 거야

나는 이걸 의도하지 않았어
나는 이걸 원하지 않았어
나를 용서해

용서할 건 아무것도 없어
나는 너를 껴안아
여전히 우리와 함께 있는 너를
우리는 너와 함께 있어야 하지
네가 우리와 함께 있듯이
바로 지금.

이것은 하이쿠가 아니다

그 망할
비참한 다섯 달
네가 자살한 일요일부터
창작의 의지를 말살하고
죽음과 파괴까지 죽이면서
사랑하는 삶과
가족을 떠나면서

그렇게 목소리들에게 살해당한 너

2012년 11월 18일

아기가 여기 있어요

미첼 씨, "아기가 여기 있어요."
그리고 네가 바로 거기 있었지
까만 머리카락이 꼬불꼬불 말려 있고
얼굴을 한껏 찡그린 아기
그렇게 품에 안겨서 사랑받으며 키워지길 기다리는 아기

존 에를리크만은 텔레비전에 나와서
닉슨에 대한 변명을,
대통령에 대한 변명을 읊어대고 있었지
너는 정치적 시대에 태어났구나, 나는 생각했지

카먼은 물병자리의 시대에
세상에 태어났고
너는 닉슨의 시대에 태어났지
분란의 시대가 시작될 때
그리고 우리에게는
이제 최악의 시간이 되어버렸지

2012년 12월 10일

나는 층계 아래 서 있네

6월 22일에 나는
거실의 층계 아래에 서서
"안녕"이라고 말하고 있지
네가 살아 있는 걸 보는
마지막이라는 걸 알지 못한 채

너는 점심을 먹고 커피를 마셨고
기분이 좋지 않다고 했어
피곤하다고
외출하고 싶지 않을 수도 있다고
(내가 참여한 아방가르드 오페라 공연이 있었고
아니면 아빠랑 영화를 보러갈 수도 있었지)
나는 너만 괜찮으면 나오라고 했고
너는 "알았어요"라고 말했지
나는 가서 조금 쉬라고 했어
우리는 짧게 포옹하고 "안녕"이라고 말했어
너는 문을 열고 나갔고
나는 네가 길을 걸어가는 걸 바라보았지
그게 마지막이었어

그날이 그저 또 다른 날,
또 다른 금요일 오후라는 걸
어떻게 생각하지 않을 수 있었겠어
내 음악 ‹소실점/획기적 도약›이 공연되는
바쁘고 들뜬 일주일이 지나고
새로운 일이 시작되는 저녁에
팻은 내 공연에서 네 모습을 보았다지
지휘를 하고 있는 나를 공연 내내 응시하던,
내 음악이 연주되는 모든 콘서트에서 늘 그랬듯이
아주 큰 소리로 환호하던 너,
네가 거기 있었지

너는 정말 도약했지
누가 생각할 수 있었겠어

나는 대체 왜 늘
목소리들에게 이끌리는 건지 −
왜 그런건지 나는 자문하지

현관에서 노래하는
아이들의 아름다운 목소리뿐만이 아니라
왜 ‹메타포시스›의 목소리도 매혹하는 걸까?

내가 〈광기의 노래〉를 쓰던 겨울
너는 윗층에서 낮잠을 자곤 했지
오클랜드 파크에서

네가 목소리들을 들으면서 죽었다는 건
정말 아이러니가 아닌지,
목소리들에 대한 나의 매혹은 무엇을 의미하는 건지,
나는 그 목소리들과 얼마나 멀리 가면서도
위험하지 않을 수 있을지,
네가 들었다고 생각되는 것을
내가 창작해보지 않고
얼마나 멀리 갈 수 있을지,
그런데 나는 왜
이러고 있는 건지,

네가 아주 어릴 때
우리에게 항상 묻던 "왜요?"라는 질문을
내가 너처럼 하고 있어
급기야 너는 차에서
(미시간으로 여행 가던
때였던 것 같아)
"나는 왜 '왜요?'라고 묻는 거죠?"라고 묻고

모두 웃음을 터뜨렸었지

이제 나는
너를
기억할 때마다
그저 "왜?"라고 묻고 있어

시간이 흘러가면서
너는 계속 계속
멀어져만 가지

시간이 흘러가면서도
어떻게 너를 살아 있게 할 수 있을까
네 작품을 이야기하는 게 아니야
네 작품을 살아 있게는 할 수 있겠지
하지만 영혼 속에서
일종의 현존 속에서
어떻게 너를 계속 존재하게 할 수 있을까

활짝 웃고 있는
(콜럼버스라고 쓰여 있는 푸른 셔츠를 입고)
너의 사진을 나는 들고

나는 층계 아래로 가지

그리고 내가 너를 마지막으로 보았던 때를 기억하지
나는 너를 보았어
너를 안았지

이제 우리와 함께 해줘
어떻게든
우리와 함께 있어줘

2013년 2월 28일

내가 제 시간에 도착하는 꿈을 꾸었어

비행기를 타고 가다
선잠이 들었지
버밍햄으로 가는 길에

내가 거기에
제시간에 도착하는 꿈을 꾸었어
어떻게 가게 되었는지는 기억나지 않아
네가 준 열쇠 꾸러미에서
네 아파트 키를 찾을 수가 없었는데
(초록색이었나?)

나는 아직도 그걸 찾을 수가 없는데

그래서 내가 어떻게 거기 도착했는지는 모르겠지만, 꿈은 네가
　　　발코니에 있고 나는 널 잡으려고 달려나가는 장면에서
　　　시작해. 너는 목소리들이 갈수록 잔인해진다고 내게
　　　말하고 나는 제발 안으로 들어오라고 말해. 너는 계속
　　　말하고 나는 어떻게 된 건지 모르겠지만 네가 약 복용량을
　　　줄였다는 걸 알아내. 나는 어떻게 된 건지 모르겠지만

너를 집안으로 들어오게 해. 아마도 어서 20mg 알약을 먹으라고 너에게 이야기해서인 것 같아. 네 얼굴은 이제 빨개지고 너의 머리는 빙빙 돌고 있어. 너는 다시 밖으로 나가려고 해. 나는 너를 잡아끌려고 해. (남편은 거기에 없어. 이건 내 꿈이라 나와 가브리엘만 등장해서 남편의 자리는 없나 봐.)

하지만 나는 가브리엘에게 알약을 먹이는 데 성공하지. 가브리엘은 침대에 풀썩 쓰러져. 나는 119를 불러야 할지 생각해. 하지만 가브리엘은 그걸 원하지 않아. 나는 그와 또 싸움을 할 수 없어. 가브리엘은 지금 이성적이지 않을 뿐더러 힘이 너무 강해. 물리적 싸움은 안 돼. 하지만 그러고 나서 가브리엘은 다시 일어나려고 하고, 나는 막으려고 해. 너무 힘들어. 나는 119를 부르는 것에 대해 생각해. 괜찮을까? 아니면 가브리엘을 노스웨스턴 메모리얼 병원에 보내는 것에 대해서도. 하지만 응급실은 끔찍할 것이고, 가브리엘에게 곧바로 진정제를 놓아주지는 않을 것 같아. 하지만 가브리엘이 정신병인 걸 알면 그렇게 해주겠지.

나는 그 이후에 대해서도 생각해. 입원을 하고 다시 퇴원하는 것에 대해. 가브리엘이 다시 아파트에 들어가서 살 수 있을까? 우리는 어떻게 가브리엘이 뛰어내리려는 것을 막을 수 있지? 약을 더 복용한다고 해도 우리는 막을 수 없었을 거야.

그 목소리들이 어떻게 가브리엘을 뛰어내리게 했는지 난 몰랐어. 지금도 나는 그것이 즉흥적이었다고 믿어. 별거 아니었다고 말하려는 것이 아니야. 그저 상황이 나쁘게 돌아가서 그랬던 것뿐이야.

왜 이 모든 꿈이 비행기에서 잠들었을 때 왔을까 — 나는 실은 깨어 있는 것만 같은 기분이었어. 하지만 이 이야기와 이미지들은 계속될 것처럼 보였어. 나 또한 적극적으로 그 꿈속에 있었어. 말하자면 백일몽이었던 거야. 뭔가가 풀려야만 했던 것 같아. 모든 게 끝났다고 생각하지는 않지만 그 꿈과 함께 뭔가가 달라졌어. 요즘 나는 가브리엘이 안경을 쓰고 머리를 늘어뜨린 모습을 볼 수 있어. 꽤 오랫동안 나는 안경을 쓰지 않은 가브리엘의 더 어릴 적 모습을 찾았어. 그러다 어느 날 밤 붉은 배경으로 머리를 늘어뜨린 그의 얼굴을 보았어. 그건 환각 같았어.

어쨌건 나는 이제 가브리엘의 다양한 시절의 모습을 볼 수 있어. 그건 좋아. 단지 가브리엘의 과거의 모습만 볼 수

있다는 것이 힘들어. 나는 정말로 가브리엘이 함께 있는
새로운 기억을 만들고 싶어. 영화는 그 한 가지 방식일
테지만 나는 다른 방식들도 시도하는 중이야.

2014년 2월 26일

시카고, 2014년 6월 24일 오전 9:30, 캘리포니아

2년 동안
우리는 다양한 곳에서 촛불을 밝혔지
때로는 노래하고 때로는 묵상하면서
카먼은 로스엔젤레스에, 톰은 베이징에, 재니스는 시카고에서 —
클로이가 술을 마시면서 부엌으로 들어오지
너의 펜과 잉크 그림 중 하나가
바닥으로 떨어지네
벽에서 8인치 떨어진 곳에
깨지지는 않았어
나는 비명을 지르고 소리치면서 울부짖네
소파에 앉아서
아마도 2년 전에
내가 그랬듯이

하지만 이번에는
네가 거기 있네

2014년 7월 23일 브루클린에서

플로렌스가 네 이야기를 하네
뿌리가 내려오고 말라 있는 커다란 식물이
네 이름을 듣고는 살짝 펄럭이네

2014년 7월 25일 뉴욕 지하철에서 (네 생일에)

나는 너의 시선으로
지하철에 있는 모든 사람을 보네
각자에 대한
감사한 마음과
따뜻한 마음으로

2014년 7월 28일 비치하우스에서

우리는 여기에 있어
너는 여기에 있지
우리의 머릿속에
우리의 마음속에
작은 엘런
다정한 소피아
"어른들"의
음악에 맞춰
춤을 추고
온갖 악기를 연주하면서
나는 네가 여기 없다는 사실에 가슴이 아파
하지만 엘런이 기타를 튕기고
드럼을 치고
평평한 바닥을 두들기면서
즐거운 소리를 낼 때
나는 엘런을 꼭 껴안아
너도 느낄 수 있지?

2014년 추수감사절에

추수감사절의 감사를

네게

그 모든 감사를 바치네

너와 함께 한 우리의 삶에

지금은 여기 없고

기억 속에서만

상실의 고통 속에서만 존재하는 너를

나는 생각해

네게 감사를 바치고

너를 용서하려 해

내게 그토록

깊고도 영원한

슬픔을

안겨준 너를

네가 사람들에게

감사를 바치는 방식은

모두를

행복하게 하고
네가 누구인지
혼란스럽게 했지

네가 누구인지 —
너의 일부는
우리에게 감추었어
네겐 그럴 권리가 있었지
너는 우리에게 상처주지 않기 위해서,
나아가
우리를 보호하기 위해서
그렇게 하는 것이 너의 의무라고 생각했지

하지만 그렇지 않았어
우리는 알았어야만 해
우리는 그저 거기에 앉아 있었어
아무것도 모르고 눈이 멀어서
너를 그렇게 해치고
네 생명을
네게서 빼앗아가는 것이
거기에 있다는 걸
보지도 못하고 알아차리지도 못한 채

앤터니와 가브리엘: 무한 큐브의 연대기

2007년 7월 런던에서
늘 호기심이 가득하고
질문을 던지며
젊은 예술가들을 알아보는 앤터니가 외쳤지
가브리엘의 ‹황폐한 거리›를 보고는
"다시 틀어봐요! 놀라워!
바로 그거야!"

2010년 11월 시카고에서
초저녁에
강의가 끝나고
어둡고 춥고 바람이 많이 부는
노설리 섬
나는 앤터니와 가브리엘을
그곳 자전거 도로로 태워주었지
얇은 재킷을 입고 모자도 쓰지 않은 채
둘은 잔디밭 한가운데로 뛰어들어가
"그러니까 여기에
당신의 조각상이 서 있어야 해요

그러면 해가 뜰 때
조각상은 호수에서 나와서
나무들을 지나
잔디밭으로 오는 것처럼 보일 거예요."
"바로 그거야, 그거!"

2011년
가브리엘은 큐브에 대해
생각하지 — 어떻게
빛과 잔디와 하늘을 담으면서도
소용돌이에서 보호할 수 있을지에 대해
나중에 생각하면서 —
그 미지의 소용돌이
"아니면 그건 과대망상인가?"
가브리엘은 장난스럽게 자문하지

2013년
앤터니는 가브리엘의 계획에 대해
생각하지 — 그 무한 큐브에 대해
그리고 우리에게 말하지
"그거야! 내가 그걸 만들 수 있어!"

2015년

무한 큐브 내부에

평행선이 서로 만나기 위해

휘어진다

원은 사각형이 될 수 있을 거야

원주율은 무한으로 여행하니까

평행선이 만나서

무한한 미래 속으로

교차하는 곳

더 이상 비난하는 목소리들이

없는 곳

정신과 영혼이

자유로워질 수 있는 곳

2015년 1월 28일 – 2월 10일

무한 큐브

나란히 늘어선 수천 개의 빛살이
무한한 열을 맞춰 빛나며
그럼으로써 우리 아들은 이렇게 살아남는다

2015년 6월 30일, 베를린

우리는 절대 알 수 없을 거야

우리는 절대 알 수 없을 거야
네가 죽으려고
뛰어내리기 전에
무슨 소리를 들었는지

그 악마들이
너무 강해져서
네 내면에서
비명을 질러댔지

18년 동안
고통과 아름다움 속에서
너를 지탱했던 강인함이
더 이상 그 악마들로부터
너를 멀리 있게 해줄 수 없고
지켜줄 수 없었지

극한의 고통과 불안
착란의 순간이

네가 그토록 사랑했던 세상을
너를 그토록 사랑했던 세상을
떠나버리게 했어

네가 그 악마들과
얼마나 집요하게 싸웠는지를
그때의 너를
나는 생각하려고 할 거야
그럼에도 불구하고 꽃피웠던
그럼에도 불구하고 성장했던
그럼에도 불구하고
우리 모두를 그토록 사랑했던
너라는 아름다운 사람을

2017년 6월 28일

외할머니의 생일에 가브리엘이
가족에게 보낸 편지

할머니의 인내심과 삶에의 의지라는 최고의 선물을 받고 이 말을 여러분과 함께 나누고자 합니다. "내가 가장 힘든 시간에 믿음을 잃는다면 나의 희망도 줄어들 것이다." 우리 모두는 할머니가 보여주셨던 모범을 따라야 하고, 또 나름의 방식으로 그렇게 살고 있어요. 제가 할머니를 기리면서 말했듯이, 빛의 속도보다 더 빠른 속도가 있으니 그것은 바로 생각의 속도입니다… 로코 할아버지가 말씀하시곤 했던 거죠. 이 세상에 할머니와 할아버지를 여전히 살아계시게 하는 건 바로 우리의 기억입니다. 그리고 할머니와 할아버지를 결국 재회하게 할 것은 바로 우리의 희망입니다. 서로를 온전히 사랑하고 앞으로 올 세대에게도 그렇게 가르치는 걸 주저하지 마세요. 할머니의 요리는 좋은 음식 그 이상이었어요. 그건 심오한 전통으로 향하는 창문과 같았죠.

할머니가 우리에게 음식을 해주실 때 사실 할머니는 우리에게 생명을 주셨어요. 할머니는 감정의 안내서를 주셨습니다. 그리고 할머니가 차려주신 밥상마다 할머니는 부족의 일원이 되기 위한 통과의례를 지내게 해주셨죠.

이 통과의례에 대해 찰스 다윈은 "완벽을 향한 일탈"이라고 적절하게 표현한 바 있습니다. 모든 세대는 이렇게 밖으로 나감으로써 진화할 뿐만 아니라 앞선 세대를 뛰어넘을 수 있습니다. 우리는 할아버지와 할머니의 대의를 어떻게 발전시키게 될까요? 우리 모두는 가장 개인적인 길을 선택해야 합니다. 우리 모두 각자의 요리법과 각자의 이론과 각자의 감정과 각자의 시와 각자의 일을 가지고 있으니 말입니다. 내가 일하는 식품점에서 오랜 친구들에게 말하듯이 말이지요. "이 일에 작별인사란 없어. 오랜 첫인사만 있을 뿐이야." 할머니는 늘 해가 뜰 때 할아버지에게 첫인사를 건네고 해가 질 때 작별인사를 하셨지요. 내일 만나요, 로코. 영원이 얼마나 긴지는 아무도 모릅니다. 하지만 우주는 우리가 상상하는 것만큼이나 거대한 곳이지요. 그러니 우리는 오늘을 생각해야 하고, 그래서 우리의 첫인사와 작별인사를, 우리와 삶을 공유하는 사람들에 대한 사랑을 간직해야만 합니다. 할머니와 할아버지도 우리를 만날 것이고, 우리도 그분들을 만나서 모두가 춤추고 노래하고 함께 음식을 먹겠지요… 영원은 긴 시간이지만 추억은 시간과 공간을 그 무엇보다 빨리 가로지를 수 있어요. 함께 했던 식사의 단순한 기억보다 더 빨리 시간을 가로지를 수 있는 우주선이나 타임머신은 없을 거예요. 빵가루를 묻힌 닭요리였을 거예요. 나는 지금도 그 냄새를 맡고 맛을 느낄 수 있고 그 완벽한 음식을 온전히 기억할 수 있어요. 언젠가 할머니와 할아버지를 아직 오지 않은 세대에게 전수할 수 있길 바랍니다. 여러분 모두를 사랑합니다. 그것이 내가 자란 방식이기 때문이에요. 우리 모두는 이 메시지를 마음속에 지니고 시간과 공간을 건널 겁니다. 태양이 다시 떠오를 때까지만, 안녕.

사랑을 담아, 가브리엘

2009년 10월 5일

일러두기

이런 종류의 책은 결코 혼자 쓸 수가 없다. 모든 문제에 대한 해답은 책에서 혹은 현명하고 박식한 동료교수에게서 발견될 것이라고 (반대되는 증거들에도 불구하고) 굳게 믿는 학자의 습관을 버리기는 힘들었다. 따라서 이 회고록은 가브리엘에 대한 기억의 기록일 뿐만 아니라 이차 문헌과 이차적 추측들("그랬을 텐데, 그랬어야 하는데, 그럴 수 있었는데")로 가득한 비판적 반성이기도 하다. 또한 이 책은 가브리엘이 조현병을 극복하여 명성과 부를 얻고 늙어가는 아버지의 보호자가 된다는 완전히 다른 이야기를 하고 싶은 지극히 간절한 소망의 반영이기도 하다. 모든 역사는 대안적 역사와 기억들, 반대 기억을 함축하고 있다.

회고록은 또한 장면과 대화를 만화경처럼 펼치면서 날짜와 세부사항과 사건들을 천천히 맞추어 나가는 노력의 결과이기도 하다. 이 책은 첫 번째로 가브리엘의 어머니이자 나와 50년 넘게 결혼생활을 이어가고 있는 아내 재니스 미저렐-미첼의 도움을 받았다. 재니스는 부정확한 날짜들을 바로잡아 주었고, 실제로 어떤 말이 오갔는지 상기시켜 주었으며, 마지막에 자신의 시를 실을 수 있게 해주었다. 재니스는 가브리엘에게 생명을 주었을 뿐만 아니라, 가브리엘이 20여 년간 조현병으로 투쟁하면서 예술가이자 인간으로서 꽃을 피울 수 있게 해주었고, 가브리엘의 삶에 대한 이야기를 하는 것을 가능하게 했다. 가브리엘의 누나인 카먼 엘레나 미첼은 가브리엘의 뮤즈이자 둘도 없는 친구였고, 영화 ‹무한의 빛›을 통해 가브리엘이 마스터하고자 했던 영화라는 매체로 가브리엘을 되살리겠다고 약속한다.

이 회고록은 통찰력을 가진 친구들과 동료들이 너무나 자주 읽어주었기 때문에 대체 몇 번이나 다시 씌어졌는지 기억할 수가 없을 정도이다. 빌 에이어스는 가브리엘이 죽은 직후에 슬픔에 잠긴 우리 가족 주위를 바쁘게 다니면서 우리를 돌봐주었고, 내가 가브리엘에 대해 썼던 최초의 기록을 읽어주었다. 레이첼 드워스킨은 나의 마지막 원고를 읽고 마치 테이블 위에 흩어져 있는 퍼즐조각을 맞추듯이 전체 그림을 다시 한눈에 그릴 수 있도록 해주었다. 엘리자베스 아벨, 캐럴 J. 아담스, 로런 버랜트, 찰스 번스타인, 조나단 보르도, 엘런 에스룩, 조나단 리어, 즈비 로탄, 루이스 사스, 플로렌스 테이거는 첫 번째 원고와 마지막 원고 사이에 책의 흐름을 수정해주고 내가 계속해서 앞으로 나아갈 수 있도록 해주었다.

가브리엘 생전에 가브리엘에게 회고록에 버금가는 무언가

를 하도록 격려했던 분들이 있었다. 앤터니 곰리, 헨리 루이스 게이츠 주니어, 줄리아 크리스테바, 마리-호세 몬자인, 마르그리트 데리다와 자크 데리다, 호미 바바, 노먼 매클라우드 등이 그들이다. 그리고 짐 챈들러, 주디 호프먼, 톰 거닝, 미리엄 한센, 유리 치비안, 마이클 윌밍턴은 가브리엘에게 어떻게 영화와 함께 사고하는지를 가르쳐주었다.

가브리엘이 '슈퍼히어로 필름 소사이어티'로 영입했던 힐러리 슈트와 패트릭 자고다에게도 감사한다.

가브리엘의 영화 ⟨격자이론⟩의 영감을 제공해주었던 한나 히긴스에게도 감사한다.

시카고 대학교의 2011년 겨울학기 세미나였던 "광기를 보기"에서 함께 가르쳤던 프랑수아 멜처와 버나드 루빈에게도 감사한다.

나의 충실한 편집자이자 내 글의 최초의 독자인 동시에 조언자인 앨런 토마스에게도 감사한다.

내 연구 조교들인 리프키 몬달과 진-토머스 트렘블레이에게도 감사한다.

《크리티컬 인콰이어리》의 편집자들인 행크 스코치와 한나 크리스텐슨에게도 감사한다.

가브리엘의 마지막 친구이자 마리나 시티의 시장이었던 대니 러셀에게도 감사한다. 가브리엘의 영원한 베스트 프렌드였던 알렉스 프로인트에게도 감사한다. 가브리엘이 사랑했던 사람인 크리켓 리에게도 감사를 표한다.

거의 20년 동안 가브리엘이 조현병에서 살아남을 수 있도록 도와주었던 치료사들과 봉사자들인 조 케루악, 안드레 니컬슨, 하이디 탠슬리, 질 보로노프, 댄 블랜켄버거, 마르시아 브론트먼, 윌 크로넨웨트에게도 감사한다.

가브리엘의 조부모 로코 미저렐과 플로렌스 미저렐, 리오나 개르트너 미첼 머핀, 그리고 내 아버지의 유령 "할아버지 톰" 미첼에게도 감사한다.

가브리엘의 이야기의 일부였던 베르나딘 도른과 빌 에이어스, 슐로모 셰어, 마이클-로코 미저렐, 저스틴 미저렐, 캐릭 벨, 로버트 미저렐("미찌 삼촌"), 패티 빌라스트레고("패티 이모"), 스테파니 라이트, 레지나 헌터, 로런 헌터, 애덤 데이, 다니엘 페팅그루, 팻 멀린, 로잔느 리니, 보니타 플리메일, 샌드라 라이언과 마이크 라이언("샌드라 이모와 마이크 이모부"), 스테파니 메드록과 고든 메드록, 앨러나 메드록, 랜디 앨버스, 낸 프로인트와 에반 프로인트, 롭 프리드먼과 민디 허친슨, 블레어 바버, 베키 챈들러와 짐 챈들러, 타냐 퍼난도, 패트리샤 모어헤드와 필립 모어헤드, 밥 존슨, 마라 포르테스, 조이 슈몰로비츠, 제이드 도른에게도 감사한다.

전국정신건강협회와 트레시홀즈의 데니스 힐스-쿠퍼에게도 감사한다.

이 책이 만들어지는 과정에 알게 모르게 기여했던 에어릴드 페트바이트, 제러미 길버트-롤프, 피터 굿리치, 리처드 니어, 로버트 피핀, 피터 슈워츠, 바네사 슈워츠, 조엘 스나이더, 유리 치비안, 조지 디디-휴버먼, 힐데 반 겔더, 미케 발, 저스틴 언더힐에게도 감사한다. 2011년 겨울학기 세미나 "광기를 보기",

2013년 봄 세미나 "영화와 광기", 2015년 가을 세미나 "광기를 읽기"에 참여했던 모든 학생들에게도 감사를 표한다.

더 읽어야 할 것과 더 보아야 할 것들

헌시

이 책의 제목이기도 한 윌리엄 블레이크의 시 ‹정신의 여행자›는 그의 생전에는 발표된 적이 없었고, 블레이크가 친구와 후원자를 위해 1803년에 손으로 써서 출판한 열 편의 시 컬렉션에 포함되어 있다. 1866년에 B. M. 피커링의 컬렉션에서 발견된 뒤로 이 책은 “피커링 원고”라고 알려지게 되었다. David Erdman, *The Poetry and Prose of William Blake* (Garden City, NY: Doubleday, 1979), 475-77, 776-77 참조.

서문

쓰고 싶은 책과 써야만 하는 책 사이의 구별은 물론 매우 문제적이다. 학계에서 출판되는 책과 사라지는 책 사이의 강한 연관을 생각한다면 그러하다. 그럼에도 불구하고 나를 위한 글을 쓰는 것은 예를 들어 좋은 위스키를 마시거나 숨을 쉬는 것과 같이 늘 내가 하고 싶은 일의 목록 윗부분에 있다. 나의 전 저작목록을 보려면 내 홈페이지 http://lucian.uchicago.edu/blogs/wjtmitchell/을 참고하기 바란다.

나는 반정신의학 운동을 주도하는 인물로서 R. D. 랭의 호전성을 지지하지는 않지만 조현병에 대한 친밀하고도 동정적인 그의 접근을 높이 평가한다. 나 또한 1960년대 이후 이러한 접근방식을 일부 받아들였다. 조현병과 "부서진 마음" 사이의 비유에 대해서는 *The Politics of Experience* (New York: Pantheon Books, 1967), 129 참조. 조현병을 질병으로 명명하는 것과 정체성으로 명명하는 것에 대한 루이스 사스의 고찰에 대해서는 "'Schizophrenic Person' or 'Person with Schizophrenia'? An Essay on Illness and the Self," *Theory and Psychology* 17(3): 395-420을 참조하라. Angela Woods의 *The Sublime Object of Psychiatry*: *Schizophrenia in Clinical and Cultural Theory* (Oxford University Press, 2011)는 반정신의학 운동에 대한 뛰어난 설명과 함께, 정신질환에 대한 현대의 담론에서 "숭고"하면서도 정의불가능한 범주로서 "조현병"의 역할에 대해 훌륭한 비판적 논의를 펼치고 있다. 사회 이론의 틀에서 정신질환에 대한 논의를 보려면 Michael Staub의 *Madness Is Civilization* (Chicago: University of Chicago Press, 2011)을 참조하라. E. Fuller Torrey의 *Surviving Schizophrenia*: *A Manual for Families, Consumers, and Providers* (New York: Harper Collins, 1983)는 『정

신질환 진단 및 통계 편람』과 함께 가브리엘의 발병 이후 우리 가족에게 일종의 바이블이 되어주었다.

○ 🌐 ●

1

‹광기의 대화›는 가브리엘의 다른 영화들과 함께 유튜브에서 볼 수 있다. 가브리엘의 웹사이트인 *Philmworx.com*을 통해 접속 가능하다.

장-뤽 고다르의 ‹영화의 역사›는 1980년대 후반에 시작되어 1998년에 완결된 9시간 분량의 비디오 프로젝트이다. Alefeleti Brown은 *Sense of Cinema* (March 2008)에서 이렇게 말하고 있다. "확실히 영화의 역사(들)은 영화에서 고다르가 차지하는 특수한 지위로 인해, 그리고 인용과 연결에 대한 고다르의 지치지 않는 헌신과 재능을 통해 흘러가고 있다. 마치 그 무수히 단명한 영화들의 광기와 혼돈이 의미를 찾게 되는 유일한 채널이 바로 고다르 자신인 듯하다." 이는 정확히 가브리엘의 영화적 감수성과 일치하며, 가브리엘의 ‹광기의 역사›에 영감을 준 것이기도 하다. 영화와 광기 사이의 특수한 관계는 영화라는 매체의 시초에서부터 영화연구의 기본적 통찰이 되어왔다. 장-루이스 보드리는 영화와 꿈, 정신병을 하나의 현상으로 융합한다. "영화는 꿈꾸는 사람에게 일종의 인위적 정신병을 제공하지만, 여기에는 직접적 통제를 행사할 수 있는 가능성은 빠져 있다." "The Apparatus: Metapsychological Approaches to the Impression of Reality in the Cinema," in *Narrative, Ap-*

paratus, Ideology: A Film Theory Reader, ed. Philip Rosen (New York: Columbia University Press, 1986), 299-318.

　가브리엘에게는 실제 조현병의 증상보다 조현병 환자라는 낙인이 훨씬 더 나쁜 것이었다. 이는 풀러 토리의 "조현병을 가진 사람은 현대의 나병환자와 같다."는 통찰과도 상통한다. *Surviving Schizophrenia*, 8.

　미셸 푸코, ⟨광기, 작품의 부재⟩, *History of Madness* (New York: Routledge, 2006), 541-49.

　재니스의 작품과 공연은 재니스의 웹사이트 http://jmisurell-mitchell.com/을 참조.

　패트릭 B. 뮬런은 1970년대 이후로 오하이오 주립대학에서 민속학 연구를 선구적으로 수행해왔다. 민속학 분야에서 최고의 논문에 매년 시상하는 상은 그의 이름을 땄다.

　'새로운 대학 협회'는 급진적 대학원생, 직원, 교수진이 함께 하는 전국적 조직으로, 1968년 봄에 시카고 대학교에 지부가 설립되었다. 이 조직은 오늘날 전 범위에 이르는 좌파 운동을 지지하고 지원하는 단체가 되고자 한다. 오하이오 주립대학교 지부는 우리가 콜럼버스 대학교 2학년이던 1969년에 역사학 대학원생이던 플로렌스 테이거의 거실에서 발족되었다.

　로코 미저렐의 고등학교 교장 커리어에 대해서는 Ben Horowitz, *Newark School Gives Hope to Dropouts, New York Times*, July 2, 1978, http://www.nytimes.com/1978/07/02/archives/new-jersey-weekly-newark-school-gives-hope-to-dropouts.html을 참조하라.

2

《MAD》 잡지사는 1960년대 초반에 매디슨 애비뉴 485로 옮겼다. 지금은 로스앤젤레스에 위치하고 있다. 이 글을 쓰고 있던 주에 폐간된다는 발표가 났다.

《크리티컬 인콰이어리》의 특별호 "만화와 매체"(ed. Hillary Chute and Patrick Jagoda)는 2014년 봄 (vol. 40, no. 3)에 출간되었고 아트 슈피겔만과 조 사코와 나의 인터뷰가 실려 있다. 이 특별호에 대한 나의 후기는 너새니얼 맥클레넌의 그래픽 "감사 노트"에 대한 광범위한 논의를 포함하고 있다.

정체성이란 위험에 처한 자아와 주변인에 대한 느낌의 산물이라는 생각은 인류학자 글렌 보우만에게서 빌려왔다. Glenn Bowman, "The Exilic Imagination," in *The Landscape of Palestine: Equivocal Poetry* (Brizeit University Publications, 1999), 57.

3

'사고 장애'는 정신의학에서 감정 장애("기분 장애")와 생각 장애 사이의 기본적 이원론을 형성하는 포괄적인 용어이다. "조울증적" 질환은 일반적으로 기분 장애로 분류되는 반면, 조현병은 망상적 사고, 편집증, 목소리나 시각에서의 환각적 경험과 연관된다. 하지만 우리가 경험한 바에 따르면 이러한 구분은 주기적으로 무너졌고, 가브리엘의 생각과 감정 사이의 경계 또한 매우 불분명했다. 그럼에도 불구하고 나는 가브리엘이 죽은 후 아주 뛰어난 정신의학자들과 대화한 적이 있었는데, 그들은 가브리엘이 조울증이었음이 틀림없다고 확신했다. 이러한 발언은 내게는 비전문가적으로 들릴뿐더러 사실상 완전한 개소리로 들린다는 점은 말할 필요도 없다.

데리다는 1980년대부터 2004년 사망 전까지 시카고 대학에 자주 방문하곤 했다. 나는 데리다를 1968년에 존스 홉킨스 대학에서 처음 만났었다. 그는 유명한 "구조주의 심포지움"을 위해 그곳을 방문했고 나는 학계의 스타에 매료된 대학원생이었다. 나중에는 《크리티컬 인콰이어리》의 편집자로서 그를 자주 강연에 초대했으며 주요 논문들을 출간하기도 했다. 대표적으로 아파르트헤이트에 대한 논문인 〈인종차별주의의 최후 통첩〉, 폴 드 만에 대한 그의 유명한 옹호인 〈생분해성 물질들〉, 〈선물〉, 〈장르의 법칙〉이 있다. 데리다의 작품에 대한 나의 논문은 아놀드 데이비슨과 함께 편집한 책인 *The Late Derrida* (Chicago: University of Chicago Press, 2007)의 서문에 실린 〈다시 죽다〉가 있으며, 《크리티컬 인콰이어리》 33호의 2권(Spring 2007) 277-290에 실린 〈테러를 그리기: 데리다의 자기 면역〉이 있다.

4

인간의 뇌는 "같은 부피의 태양보다 1평방 밀리미터 당 30배가 되는 에너지를 방출한다"는 생각은 렌 웨슐러가 나에게 했던 이야기였다. 그것이 사실인지는 잘 모르겠으나, 1994년 겨울에 가브리엘이 처음 정신병 발작을 했을 때는 정말로 그렇게 느껴졌다. 다니엘 파울 슈레버의 『한 신경병자의 회상록』(1903)은 프로이트가 『슈레버 사례』(1911)에서 본격적으로 다룸으로써 20세기에 가장 유명한 1인칭 시점 조현병 서술이 되었다. 슈레버의 저서는 무수한 문헌에서 중심 텍스트로 다루어졌고, 그의 질병의 원인에 대한 끝없는 논쟁을 양산했다(권위적인 아버지, 형편없는 의사들, 오진, 강제 구금 등). 그중에서도 이 주제를 사회정치적 맥락 속에서 설명하는 에릭 샌트너의 『나의 개인적인 독일』(Princeton, NJ: Princeton University Press, 1998)과 헨리 즈비 로탄의 『슈레버를 옹호하며』(London: Analytic Press, 1989)가 특히 유용했다.

인간의 신체에서 "신경섬유들"이 뿜어져 나오는 이미지는 윌리엄 블레이크의 작품과 하이델베르크의 프린츠혼 컬렉션에 소장되어 있는 조현병 예술가 자콥 모르의 작품에서 등장한다.

프로이트의 '전이' 개념은 분석가와 피분석자 사이의 유대 관계를 의미하는데, 부모의 신뢰와 사랑이 주로 분석가에게로 전이된다. 물론 회한, 분노, 증오와 같은 부정적 형태로 나타날 수도 있다.

사회보장장애보험은 자격요건을 갖춘 사람에게 월 단위로 혜택을 제공한다. 혜택의 액수는 나이와 사회보장보험 납입액에 근거한다. 전국정신건강협회에 따르면 사회보장장애보험의 평균 보장 액수는 2009년에는 매달 900달러였다. 국세조사국에서 밝힌 평균 월세가 그해 842달러인 점을 감안하면 월세와 식비와 약값을 커버하기에는 충분하지 않은 액수이다. 미국 주택 및 도시개발 공사는 섹션8이라고 알려진 주택 선택 바우처 프로그램을 통해 주거지원을 위한 펀드를 제공함으로써 높은 월세 비용을 완화시키게 해준다.

5

시카고의 유명한 '트레시홀즈 에이전시'(http://www.thresholds.org/)는 정신질환으로 고통받고 있는 청년들을 위해서 다양한 사회복지와 의학적 지원을 제공한다. 여기에는 주거, 실무교육, 교육 기회, 예술치료, 사회복지 감독 등의 프로그램이 포함되어 있다. 가브리엘이 거의 20년간 조현병을 가지고 살아가면서도 의미 있는 노동을 하고 친구들과 지속적 우정을 쌓으며 진짜 삶 같은 삶을 살아갈 수 있었던 것은 이 프로그램 덕분이라고 나는 생각한다.

바쿠스 신의 축제와 같은 "통과의례의 광기"라는 플라톤의 개념은 『파이드로스』에서 논의된다. 여기에서는 시인의 광기, 예언자의 광기, 욕정의 광기도 함께 논의되고 있다.

자이프렉사(올란자핀)는 뇌의 화학물질에 영향을 미치는 항정신병제제이다. 자이프렉사는 성인과 13세 이상 청소년의 조현병과 양극성 장애(조울증) 등의 정신병적 증상을 치료하는 데 사용된다.

6

가브리엘의 생전과 사후에도 계속된 빌 에이어스와 베르나딘 도른과의 우정의 중요성은 아무리 강조해도 지나치지 않다. 우리는 그들이 치매와 알츠하이머에 걸린 부모를 집으로 모셔와 가까이 치료하는 것을 자세히 지켜보았었다. 베르나딘은 가브리엘이 죽은 주에 암스테르담에 있었는데, 그렇지 않았다면 분명 우리와 함께했을 것이다. 빌은 이 회고록을 재니스 다음으로 가장 먼저 읽은 사람이기도 하다. 가브리엘의 마지막 영화는 자신의 회고록『탈주의 나날』을 읽는 빌의 목소리가 보이스오버 되는 가운데 1968년의 이미지들이 나열되고 있다.

〈바닐라 스카이〉에서 톰 크루즈가 높은 곳에서 뛰어내리는 장면을 가브리엘이 그토록 자주 인용한 것은 극저온 인큐베이터 안에 있는 가상세계에서의 주인공의 죽음이 곧 현실로의 깨어남이 될 것이라고 생각했기 때문일 것이다. 〈바닐라 스카이〉의 스페인 개봉 제목은 〈눈을 뜨세요〉이기도 하다. 자살이란 "투쟁에의 충동"과 "도피에의 충동"이 치명적으로 수렴된 것이라고 할 수 있다. 자신을 향한 공격성과 자신으로부터의 도피가 결합된 것이기 때문이다. 가브리엘이 스스로를 몽유병자라고 묘사한 것은 조현병이라는 각성에 가까운 악몽으로 추락하는 것인 동시에 그것으로부터의 도피(이면서 동시에 투쟁)로서 죽음을 그리고 있었음을 보여준다.

♟

집단 자살에 대한 마사다의 교훈을 직접 보고 싶다면 아비 모그라비의 영화 〈복수, 그러나 내 두 눈 중 하나〉(2005)를 추천한다. 이 영화에서도 여행안내원이 마사다의 교훈을 낭독하는데, 어느 젊은 미국 유태인 여성이 자살은 율법에서 금지되어 있다면서 강하게 비판한다.

위거wigger: "대도시 근교에서 태어나고 자란 백인 남성으로, '블링' 패션을 통해 아프리카계 미국인의 힙합 문화와 스타일을 모방하려는 강한 욕망을 보여주며, '갱단의 삶'을 자신의 삶의 원칙으로 받아들인다." (http://www.urbandictionary.com/define.php?term=wigger)

9

답을 맞추는 게임을 내가 망치지 않기를 바라며, 본문의 정답은 〈시에라 마드르의 보물〉(John Huston, 1948)과 〈선셋대로〉(Billy Wider, 1950)이다.

　"매드 프라이드는 정신질환을 가진 개인들이 자신의 정신질환자로서의 정체성을 자랑스러워해야 한다고 주장하는 사회보장장애보험의 현 대상자와 이전 대상자, 그리고 그 협력자들의 대중적 운동이다. 캐나다의 파크데일 지역에서 살고 있던 정신병력을 가진 사람들에게 지역사회가 차별대우를 하자 그에 대한 반응으로 1993년에 결성되었다. 매드 프라이드는 그후 1996년을 제외하고 매년 그곳에서 열렸다. 이와 유사한 운동이 영국에서도 동일한 시기에 시작되었다. 1990년대 말이 되면서 '매드 프라이드'라는 이름으로 전 세계에서 행진이 조직되었다. [⋯] 이 운동에 영향을 받은 행사들을 지원하고 추적하는 미국 정신보건 변호단체에 따르면 이 운동은 수천 명의 참가자들을 끌어들였다." http://en.wikipedia.org/wiki/Mad_Pride.

　고 프라샨트 바가바(1973-2015)는 가브리엘과 고등학교부터 친구였고 켄우드 아카데미에서 낙서를 일삼던 소년들 중 하나였다. 그는 2012년 베를린 국제영화제와 트리베카 영화 페스티벌에서 엄청난 호평을 받은 장편영화 ‹파탕: 연›을 연출한 성공적인 영화감독이었다. 그는 또한 영화감독이 되겠다는 가브리엘의 야망을 격려해주었고 ‹다 주얼스›의 시나리오에 대해서 편지를 주고받기도 했다. 가브리엘이 죽은 몇 주 뒤에 그는 ‹광기의 대화›를 시카고에서 ‹파탕›이 초연될 때 함께 상영되도록 배려해주었다. 하지만 슬프게도 프라샨트는 가브리엘의 사망 후 3년 뒤 2015년에 심장마비로 사망하고 말았다.

"눈을 뜨세요"는 ‹바닐라 스카이›(Cameron Crowe, 2001)의 마지막 대사이자 그 영화의 원작인 스페인 영화 ‹*Abros Los Ojos*›(Alejandro Amenabar, 1997)의 제목이기도 하다.

9

영화 ‹뷰티풀 마인드›(Ron Howard, 2001)는 주인공 존 내쉬가 조현병을 극복하는 과정을 단순한 의지력의 문제로 묘사하고 있다. 내쉬는 자신을 괴롭히던 환영을 무시하고 쫓아내리라는 의식적 결심을 함으로써 조현병을 극복한다. 조현병의 증상을 이보다 더 비현실적으로 다룰 수 있을지 상상하기 힘들 정도이다. 엘린 삭스의 자서전 『중심은 유지될 수 없다』는 조현병이 치유가 불가능한 질환이며 의지력으로 극복하기 어렵다는 것을 받아들이는 것이 조현병 관리의 핵심이라고 현실적으로 조언한다.

아비 바르부르크가 조현병과 싸운 이야기는 에른스트 곰브리치의 『아비 바르부르크: 지적 연대기』(London: The Warburg Institute, 1970)에서 찾아볼 수 있다. 엘린 삭스는 회고록 『중심은 유지될 수 없다』(New York: Hachette, 2008)에서 무수히 반복된 자살시도와 입원의 과정을 묘사하고 있다. 이는 조현병 환자에게 전형적으로 나타나는 패턴이다. 가브리엘은 자살시도와 입원이 한 번밖에 없었다는 점에서 특이하다고 할 수 있다.

10

조현병에서 발견되는 "주권적 예속상태"라는 근원적 역설에 대한 루이스 사스의 논의는 내가 아는 조현병에 대한 설명 중에서 최고라고 생각한다. *The Paradoxes of Delusion: Wittgenstein, Schreber, and the Schizophrenic Mind* (Ithaca, NY: Cornell University Press, 1994) 참조.

진짜인 것처럼 보이는 허위기억에 대한 프로이트의 설명에 대해서는 〈은폐 기억〉(1899)을 참조하라. *Standard Edition* (London: Hogarth Press), vol. 3, 301-22.

오리-토끼 그림은 1990년대 초반부터 나의 글에서 계속적으로 반복되던 소재였다. 한 순간에는 오리로 보였다가 다음에는 또 토끼로 보이는 이 그림은 게슈탈트 심리학에서 "다중심적 이미지"라고 불린다. 나의 에세이 "메타그림"을 참조할 것. *Picture Theory* (Chicago: University of Chicago Press, 1994).

11

정신질환을 앓고 있는 많은 사람들이 이제 유튜브와 같은 소셜미디어를 통해 자신의 상태를 공식적으로 드러내고 있다. 레이첼 스타는 조현병을 앓고 있는 사람들이나 조현병 환자와 교류하는 사람들에게 조언을 제공해주는 조현병 환자이다. http://psychcentral.com/blog/inside-schizophrenia-what-is-schizophrenia/ 참조. 또한 MortenErCrazy의 채널인 http://www.youtube.com/watch?v=B1YvJWTWWEk에 나오는 "나의 조현병에 관한 이야기"를 보라.

슈레버에 대한 문헌에 대해서는 위의 논의를 참조하라.

E. 풀러 토리는 조현병을 앓는 개인들이 줄담배를 많이 피우는 것은 일종의 자기 치료라고 설명한다. *Surviving Schizophrenia*, 4th ed. (New York: Harper Collins, 2001), 277.

슈레버의 조현병의 역사적이고 매체적인 맥락에 관해 논의하는 에릭 샌트너의 저서인 『나의 개인적인 독일』은 영화 ‹나의 개인적인 아이다호›(Gus Van Sant, 1991)의 제목을 반향하고 있다. 가브리엘과 나는 중독에 대해 멋지게 묘사하고 있는 이 영화를 너무 좋아했었다. 특히 윌리엄 버로스가 직접 출연하는 것을 보고 깜짝 놀랐었다.

아부 그라이브 수용소의 후드 쓴 남자 이미지는 나의 저서 *Cloning Terror: The War of Images, 9-11 to the Present* (Chicago: University of Chicago Press, 2011)의 중심테마이자 표지이기도 하다.

Ray Kurzweil, *The Singularity Is Near* (New York: Penguin, 2006).

"나의" 시대(1960년대)의 유토피아적 지식인들이 어떻게 가브리엘 시대의 토대가 되었는지에 대한 자세한 분석을 보고 싶다면 Fred Turner, *From Counterculture to Cyberculture* (Chicago: University of Chicago Press, 2006)를 참조하라.

　마샬 맥루한은 『매체의 이해: 인간의 확장』에서 전기의 발명이 인간의 중앙신경계를 전 지구적 커뮤니케이션 네트워크라는 전례 없는 형태로 확장하는 것을 가능하게 했다는 유명한 주장을 한 바 있다.

　〈격자이론〉은 한나 히긴스의 『격자 책』(Cambridge, MA: MIT Press, 2009)에서 이미지들을 가져왔다. 한나는 나의 옛 제자이자 평생의 친구이기도 하다. 그녀는 또한 플럭서스 운동의 창시자인 딕 히긴스의 딸이다. 가브리엘은 한나를 통해 플럭서스 퍼포먼스에 대해 여러 가지를 배우기도 했다.

12

이 챕터의 제목은 어빙 고프먼의 고전적 논문인 〈정신질환자의 도덕적 이력〉이라는 제목에서 따왔다. Erving Goffman, *Asylums: Essays on the Social Situation of Mental Patients and Other Inmates* (New York: Anchor Books, 1961).

　"보호자의 임무"는 보호자가 직면하는 가장 어렵고도 힘이 드는 역할이다. 이것은 주로 재니스의 역할이었다. 재니스는 가브리엘의 용돈, 세금, 사회보장 혜택 등을 관리했다. 성인 자녀의 보호자들 중 77퍼센트는 "건강관리 전문가나 서비스 제공자가 접근할 수 없었다"라고 한다. NAC report, op. cit., 28.

　케네디 가문이 로즈메리 케네디(존, 로버트, 에드워드 케네디의 오누이)로 인해 오랫동안 시련을 겪어야 했던 이야기는 Fuller Torrye, *Surviving Schizophrenia*, 114에서 찾아볼 수 있다. 어린 시절 정신지체였던 그녀는 21세가 되자 정신병 증상을 보여서 전두엽 절제술을 받는데 이 때문에 심각한 뇌손상을 입었다.

가브리엘이 조현병과 사투를 벌인 과정을 기록한 카먼 미첼의 영화에 대한 설명을 보려면 카먼의 단편영화인 ‹무한의 빛›을 참조하라. http://www.youtube.com/watch?v=GGqty3BFd9Q.

가장 놀라운 통계는 남성 조현병 환자의 60퍼센트가 자살을 시도한다는 점이다. 그리고 5-10퍼센트는 성공한다. 남성 조현병 환자의 자살 성공률은 여성 조현병 환자보다 훨씬 더 높다. *schizophrenia.com/suicide.html.*

치매를 앓고 있는 늙은 부모를 모시는 보호자의 역할에 대한 캐럴 J. 아담스의 글을 참조하라. Carol J. Adams, "Toward a Philosophy of Care," *Critical Inquiry* 43, no. 4 (Summer 2017), 765-89.

13

"사례"에 대한 질문은 나의 오랜 동료인 로런 버랜트가 ‹사례에 대하여›라는 제목으로 «크리티컬 인콰이어리»의 특별호(33:4 [Summer 2007], 36:4 [Summer 2010])를 편집하면서 제기했던 질문이다. 사례와 사례사의 의미에 대한 내 생각은 이 특별호를 대부분 참조한 것이다. 여기에서는 사회학, 법학, 의학, 분류법, 미학장르에 이르는 다양한 범위에서 사례의 의미를 탐구한다.

"세계는 사건들 모두의 총합이다."는 루드비히 비트겐슈타인의 『논리철학논고』(1921)의 첫 번째 명제이다. 비트겐슈타인은 다음 명제로 "세계는 사물이 아니라 사실들의 총합이다."라고 진술하며, (사물과 반대되는) 사실들은 "논리적 공간"에 존재한다고 주장한다. 간단히 말하자면 세계는 인위적으로 창조된 인공적 실체라는 것이다. 이는 곧 세계가 가짜 혹은 모조품이라는 것을 의미하는 것으로 받아들여졌다. 하지만 그렇다고 하여 세계가 실제적 현실이 되는 것을 막지는 못한다. 가브리엘의 질병이 망상과 환상의 세계를 구성해냈고 또한 정신의학의 용어들로 재구성되었다는 점에서 질병은 가브리엘의 사례에 존재했던 전부라고 할 수 있을까? 하지만 그렇게 간단한 문제는 아니라는 것이 내 생각이다. 가브리엘의 사례는 세계를 정의하는 논리적 공간을 넘어서는 것이었다. 그것은 철학이 꿈꾸지 못한 "사실들"을 넘어서는 사물들로 가득했다. 『망상의 역설 : 비트겐슈타인, 슈레버, 그리고 조현병의 정신』(Ithaca, NY: Cornell University Press, 1994)에서 루이스 사스는 슈레버가 역설적 세계에 살고 있던 유아론자라고 주장한다. 그 역설적 세계에서 주체는 "노예가 된 주권자"이며, 그 주체의 사고는 전지전능한 동시에 무능력하다. 분명 ‹미국의 몽상가들›을 위한 시나리오에서 볼 수 있듯이 가브리엘의 과대망상적 자기 이미지에는 이러한 점들이 존재한다. 문제는 유아론에 반대하는 논리적 주장이 논리의 승리와 치료의 효과를 혼동하고 있는 것이 아닌가 하는 점이다. 조현병의 정신상태를 마치 극복되어야 할 철학적 입장인 것처럼 반박하는 것이 과연 충분한 것인가? 그렇게 하는 것은 마치 열린 문을 박차고 들어가는 것과 같지 않은가? 예를 들어 슈레버 판사가 계속해서 자기 모순적인 사고를 한다는 것을 증명한다고 해서 그것이 조현병에 대한 어떤 돌파구를 마련해 주는 것은 아니며, 오히려 그를 그의 맥락과 전혀 상관없이 다루는 것이라고 볼 수 있다. 그가 법전문가였고 "후견인"에 대한 법률과 비자발적 감금에 투쟁했다는 그의 맥락에 무지한 논의의자, 현대의 반정신의학 운동에 대한 지식도 전혀 없는 논의일 뿐이다. 사스가 그토록 잘 묘사했던 광기와의 투쟁에서 비트겐슈타인은 과연 철학으로 치유를 받았던가?

레너드 코헨의 노래 〈송가〉. 이 위대한 캐나다인 음유시인은 내가 가브리엘과 함께 사랑했던 또 다른 인물이었다. 가브리엘은 나와 함께 〈수잔〉, 〈할렐루야〉, 〈자비의 자매들〉, 〈마리안느〉와 같은 노래의 가사를 모두 외웠고, "처음에는 맨해튼을 / 그러고는 베를린을 가질 거야"라는 가사의 의미에 관해 함께 이야기하곤 했다.

가브리엘은 1990년에 시카고 대학에서 열린 '선물'에 대한 데리다의 카펜터 교수 기념 강연에 참석했고, 그 위대한 철학자를 시카고의 우리집과 파리에서 만날 수 있었다. 가브리엘은 또한 선물과 천재성이라는 양날의 검과 같은 의미에 대해 잘 알고 있었다. 데리다의 강연문인 〈주어진 시간: 왕의 시간〉은 *Critical Inquiry* 18:2 (Winter 1992), 161-87에 실렸다.

샌더 길먼의 『광기에 빠진 자를 바라보기』(Lincoln, Ne-brask: University of Nebraska Press, 1982)는 서구 예술과 시각문화에서 광기에 대한 가장 뛰어난 안내서이다.

"광기를 보기"라는 나의 세미나에 대한 강의계획서와 요강은 나의 홈페이지에서 찾아볼 수 있다. http://lucian.uchicago.edu/blogs/wjtmitchell/courses/.

멘탈
트래블러

초판 1쇄 발행 2022년 10월 20일

지은이 W. J. T. 미첼
옮긴이 김유경
편집주간 박혜선
디자인 허희향(eyyy.design)
펴낸이 최윤영 외 1인
펴낸곳 에디스코
출판등록 2020년 7월 22일 제2021-000220호
전화 02-6353-1517 。 팩스 02-6353-1518
이메일 ediscobook@gmail.com
인스타그램 instagram.com/edisco_books
블로그 blog.naver.com/ediscobook

ISBN 979-11-978819-1-6 (03180)

책값은 뒤표지에 있습니다.
잘못된 책은 구입하신 곳에서 바꾸어 드립니다.